MANUAL PRÁTICO DE ADEQUAÇÃO À LGPD

COM ENFOQUE NAS RELAÇÕES DE TRABALHO

AUTORIA
SELMA CARLOTO
ELAINE GUERRA

LTr®

MANUAL PRÁTICO DE ADEQUAÇÃO À LGPD

COM ENFOQUE NAS RELAÇÕES DE TRABALHO

2ª EDIÇÃO

2024

LTr®

LTr Editora Ltda.

Rua Jaguaribe, 571
CEP 01224-003
São Paulo, SP — Brasil
Fone (11) 2167-1101
www.ltr.com.br
Setembro, 2024

Produção Gráfica e Editoração Eletrônica: PIETRA DIAGRAMAÇÃO
Projeto de capa: DANILO REBELLO
Impressão: LOG & PRINT GRÁFICA E LOGÍSTICA

Versão impressa — LTr 6416.9 — ISBN 978-65-5883-304-8
Versão digital — LTr 9918.0 — ISBN 978-65-5883-305-5

Dados Internacionais de Catalogação na Publicação (CIP)
(Câmara Brasileira do Livro, SP, Brasil)

Carloto, Selma

Manual prático de adequação à LGPD: com enfoque nas relações de trabalho/Selma Carloto e Elaine Guerra. - 2. ed. - São Paulo: LTr, 2024.

Bibliografia.

ISBN 978-65-5883-304-8

1. Direito à privacidade 2. Direito do trabalho - Brasil 3. Proteção de dados - Leis e legislação 4. Proteção de dados pessoais 5. Relações

24-203786 CDU-342.721:331(81)

Índice para catálogo sistemático:

1. Brasil: LGPD: Proteção de dados pessoais: Direito do trabalho
342.721:331(81)

Cibele Maria Dias - Bibliotecária - CRB-8/9427

SUMÁRIO

Introdução 9

1. Objetivo da lei geral de proteção do dados pessoais 11

2. Conceitos essenciais: dados pessoais, dados pessoais sensíveis, anonimização e pseudonimização 13

2.1. Dados pessoais 13

2.2. Dados pessoais sensíveis 15

2.2.1. Dados médicos 18

2.2.2. Dados biométricos 19

2.3. Dados anonimizados 21

2.4. Dados pseudonimizados 22

3. Direito dos titulares dos dados pessoais 23

4. Tratamento de dados pessoais 27

4.1. Ciclo de vida dos dados pessoais 28

4.2. Bases legais para o tratamento nas relações de trabalho 30

4.2.1. Consentimento 32

4.2.1.1. Termo de consentimento 34

4.2.2. Obrigação legal ou regulatória 36

4.2.3. Execução de um contrato ou de procedimentos preliminares 39

4.2.4. Exercício regular de um direito em processo judicial, administrativo ou arbitral 42

4.2.5. Proteção da vida ou da incolumidade física do titular ou de terceiro 44

4.2.6. Legítimo interesse 45

5. Princípios aplicáveis às relações de trabalho 71

6. Passos para adequação à lei geral de proteção de dados – por onde começar? 75

6.1. Fase 1 – Preparação para adequação do setor de recursos humanos 76

6.1.1. Termo de Abertura de Projeto (Internamente) 76

6.1.2. Formalização e divulgação do projeto 78

6.1.3. Criação/formalização do Comitê/Comissão de Privacidade e Proteção de Dados Pessoais 78

6.1.4. Treinamento para o DPO e workshop para os colaboradores 83

6.2. Fase 2 – *Data mapping* e plano de ação e orçamento 85

6.2.1. Entrevista e mapeamento dos dados 85

6.2.3. Plano de ação 90

6.3. Fase 3 – Adequação de processos 92

6.3.1. Gestão de terceiros. *Due diligence* com terceiros em proteção de dados. Gestão de riscos 93

6.4. Fase 4 – Documental (cláusulas, aditivos, contratos, termos, políticas, ROPA, RIPD) 96

6.4.1. Cláusulas, aditivos, contratos e termos 96

6.4.2. Políticas (Interna e Externa) 96

6.4.3. Registro das Operações de Tratamento – ROPA 97

6.4.4. Relatório de Impacto à Proteção de Dados – RIPD 100

6.4.4.1. Quem deverá elaborar o RIPD? 110

6.4.4.2. Quais informações devem constar no RIPD? 110

6.4.5. Colocar em prática – Revisão de processos 111

6.5. Fase 5 – Treinamento com todos os colaboradores – Difusão da cultura de privacidade, proteção de dados e segurança da informação 112
6.6. Fase 6 – Avaliação e melhorias contínuas 113
7. Segurança em recursos humanos 116
7.1. Antes da contratação 117
7.2. Processo seletivo 119
7.3. Durante a execução do contrato de trabalho 122
7.3.1. Cláusulas contratuais 124
7.4. Canal de denúncia 126
7.5. Ativos imobilizados 128
7.6. Encerramento ou Término do Tratamento dos dados pessoais 129
7.7. Prazos de Guarda de Documentos Trabalhistas 132
8. Tecnologias aplicadas nas relações de trabalho 142
8.1. Geolocalização 142
8.2. Tratamento automatizado 145
8.3. Teste de Penetração ou "*Pentest*" 148
Referências 151
Case – livraria LGPD 157
Apêndice 159

INTRODUÇÃO

Neste livro, mergulharemos de forma prática e abrangente no complexo universo da Lei Geral de Proteção de Dados (LGPD) no contexto das relações de trabalho no Brasil. As empresas enfrentam hoje uma série de desafios e incertezas quando se trata de garantir a conformidade com essa legislação, especialmente no que diz respeito à coleta, tratamento e proteção dos dados de seus empregados.

Com a evolução tecnológica acelerada, as dúvidas são muitas e as armadilhas são constantes. A crescente necessidade de obter o consentimento adequado (livre, informado e inequívoco), incluir cláusulas contratuais específicas e evitar tratamentos excessivos de dados torna-se uma tarefa cada vez mais crítica. Nesse cenário, é imperativo que as empresas adotem medidas corretas e abrangentes.

Nosso foco principal é nas relações de trabalho, mas reconhecemos que os empregados desempenham um papel essencial na gestão de dados pessoais e sensíveis de clientes, bem como dos próprios colegas de trabalho. Portanto, esta obra aborda a LGPD com um enfoque amplo, abrangendo todas as práticas recomendadas e regulamentações aplicáveis que impactam a empresa como um todo.

Não se trata apenas de uma adequação parcial, seja no âmbito trabalhista ou nas relações de consumo. A LGPD exige uma abordagem holística e abrangente, englobando todas as áreas da empresa. Isso inclui não apenas os departamentos de Recursos Humanos, Jurídico Trabalhista e Contabilidade, mas também a área de Segurança da Informação. Todos desempenharão um papel direto ou indireto na busca pela conformidade com a LGPD.

À medida que exploramos os processos envolvidos nas relações laborais, destacaremos a importância dos questionários e da colaboração interdepartamental na fase 2 do nosso projeto. O objetivo é fornecer orientações práticas e soluções para que as empresas possam enfrentar os desafios da LGPD com confiança e eficácia.

Capítulo 1

OBJETIVO DA LEI GERAL DE PROTEÇÃO DE DADOS PESSOAIS

O objetivo e ideia central da LGPD é proteger os direitos fundamentais de liberdade, privacidade e o livre desenvolvimento da personalidade da pessoa natural.

Figura 1 – Objetivo central da LGPD

O art. 1º aduz que "esta Lei dispõe sobre o tratamento de dados pessoais, inclusive nos meios digitais, por pessoa natural ou por pessoa jurídica de direito público ou privado, com o objetivo de proteger os direitos fundamentais de liberdade e de privacidade e o livre desenvolvimento da personalidade da pessoa natural".(1)

Fonte: Do autor,2021.

A nova legislação veio para proteger os direitos fundamentais, principalmente a privacidade dos titulares, pessoas naturais e para devolver-lhes o controle dos dados. A empresa

(1) BRASIL. Lei n. 13.709, de 14 de agosto de 2018. Lei Geral de Proteção de Dados Pessoais (LGPD). Diário Oficial da União, Brasília, DF. 14 de agosto de 2018. Disponível em: <http://www.planalto.gov.br/ccivil_03/_ato2015-2018/2018/lei/L13709.htm>. Acesso em: 3 mar. 2021.

possui um banco de dados, mas não é mais a dona destes dados, assim deverá informar detalhadamente tudo o que faz com os mesmos, cuidar e dar-lhes segurança a estes, já que não lhe pertencem e apenas tratá-los quando houver de fato necessidade para uma determinada finalidade, além de assegurar sempre e de fato a transparência no tratamento destes dados, os quais, hoje, com a evolução tecnológica, passam a ter um valor inestimável, sendo equiparados a diamantes e valendo mais que petróleo.

Capítulo 2

Conceitos essenciais: dados pessoais, dados pessoais sensíveis, anonimização e pseudonimização

2.1. Dados pessoais

Os dados pessoais consistem em uma informação relacionada à pessoa natural identificada ou identificável, logo, a Lei Geral de Proteção de Dados não se aplica a dados de pessoas jurídicas de forma direta. No entanto, existirá aplicação indireta porque todas as pessoas jurídicas possuem dados de pessoas naturais, inclusive sócios, empregados e outros trabalhadores. Dessa forma, a Lei Geral de Proteção de Dados se aplica a todas as empresas públicas ou privadas e todas as empresas precisarão fazer a sua adequação porque terão ou empregados ou clientes, além de sócios, entre outros titulares.

Por exemplo, uma empresa contrata um representante comercial como pessoa jurídica, o contato será com a pessoa natural do representante comercial e mesmo sendo uma contratação de um representante comercial, pessoa jurídica, haverá uma intensa volumetria de dados de pessoa natural e que demandam conformidade com a Lei Geral de Proteção de Dados.

Conforme mencionado anteriormente, o dado pessoal está vinculado a uma pessoa natural identificada ou identificável. Para uma compreensão mais detalhada, é importante elucidar e exemplificar o que são dados pessoais identificados e identificáveis na prática.

Os dados pessoais identificados referem-se diretamente à pessoa identificada, como nome, RG, CPF, título de eleitor, número de passaporte, endereço, estado civil, telefone, entre outros. Em contraste, os dados pessoais identificáveis são informações que, indiretamente, podem identificar o titular, exigindo dados adicionais para essa identificação. Por exemplo, a placa de um veículo: ao observar apenas a placa, não é possível identificar imediatamente o titular dos dados; são necessárias informações suplementares para determinar o proprietário do veículo.

É essencial notar essa distinção, pois os dados identificados são facilmente vinculados à pessoa, enquanto os dados identificáveis demandam outros elementos para estabelecer essa conexão com o titular.

Tabela 1 - Dados Pessoais

Dado pessoal-direto	**Dados pessoal indireto**	**Dado anonimizado**	**Dado pseu-donimizado**
Quando a pessoa já é diretamente identificada pelo dado: nome, RG, CPF, título de eleitor, número de passaporte, endereço, estado civil, número da OAB, número do CRM, número do COREN, número de CRECI, telefone etc.	Identificam o titular indiretamente, demandando informações adicionais como exemplo, a placa de um veículo.	Perde-se a possibilidade da associação, considerando-se a utilização de meios técnicos disponíveis e razoáveis no momento do tratamento.	Identificação apenas com informação adicional e mantida separadamente pelo controlador em ambiente controlado e seguro.

Fonte: Do autor, 2021.

2.2. Dados pessoais sensíveis

Os dados pessoais sensíveis são aqueles que demandam uma maior proteção, e precisam de proteção qualificada, como dados sobre origem racial ou étnica, convicção religiosa, opinião política, filiação a sindicato ou a organização de caráter religioso, filosófico ou político, dado referente à saúde ou à vida sexual, dado genético ou biométrico, quando vinculado a uma pessoa natural, nos termos da LGPD.

Quando temos tratamento de dados pessoais sensíveis, um incidente ou desconformidade poderá gerar prejuízo maior ainda ao titular dos dados e, por essa razão, esses dados são categorias especiais de dados e se denominam de sensíveis.

Nas relações de trabalho, sempre existirá o manuseio de dados pessoais sensíveis, de forma legítima, por obrigação legal, principalmente de dados de saúde, entre outros, muitas vezes necessários.

É também comum o processamento de dados biométricos para o registro eletrônico de ponto, por meio dos quais as empresas deverão ter mais cuidado para prevenir incidentes relacionados a esses dados, já que estes identificam o titular de forma inequívoca e uma falha de segurança poderá gerar um prejuízo irremediável ao titular.

Se classificarmos o risco de tratamento, sempre será elevadíssimo ao serem tratados ou processados dados pessoais sensíveis e, por essa razão, será importante a elaboração de um RIPD (relatório de impacto à proteção de dados) que explicaremos em capítulo próprio.

Figura 2 - Dados Pessoais Sensíveis

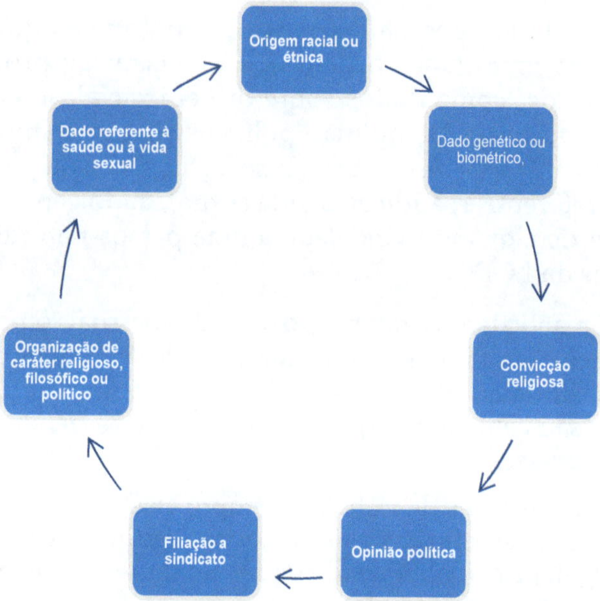

Fonte: Do autor, 2021

Durante as relações laborais e na extinção do contrato de trabalho, as empresas estão sempre recebendo atestados médicos e em muitos casos há necessidade de tratar dados sensíveis para um processo seletivo, o que não poderá ter caráter discriminatório, caso o tenha, a empresa ferirá o princípio da não discriminação.

No processo seletivo, não ofenderia a LGPD coletar dados sensíveis e tratá-los quando a empresa decidir fazer um processo, por exemplo, só para grupos que sofrem regularmente discriminação, já que aqui estaríamos diante de uma discriminação positiva ou reversa, como, por exemplo, um processo seletivo só para deficientes e que consiste em uma ação afirmativa, com o objetivo de ser preenchida a cota de deficientes, nos termos da Lei da Previdência.

Figura 3 – Dados Sensíveis nas Relações de Trabalho

Fonte: Do autor, 2021

Exemplos de dados sensíveis nas relações de trabalho são dados relativos à saúde (como exames ocupacionais, atestados médicos), biometria, orientação sexual porventura em alguma ficha cadastral, ou sistema eletrônico, religião, dentre outros. Dessa forma, recomenda-se, por exemplo, que não sejam coletados dados quanto à origem racial do colaborador, a não ser, que seja uma obrigação legal ou regulatória, como no caso do e-Social e da Lei n. 14.553, de 2023. Nesses casos, a empresa coletará os dados, mas aplicará medidas técnicas e administrativas para resguardar os dados pessoais, além da elaboração do relatório de impacto à proteção de dados pessoais (RIPD).

2.2.1. Dados médicos

As empresas sempre irão precisar tratar dados médicos de empregados, já que os exames médicos admissionais, periódicos e demissionais são obrigatórios, nos termos da lei. Ocorre ser muito comum também a coleta e tratamento de atestados médicos.

Esses tratamentos não precisarão de consentimento, mas a empresa deverá restringi-los a quem deva realmente tratá-los, caso contrário, a empresa estará em desconformidade com a LGPD, sendo um incidente ou uma falha de segurança, caso alguém, que não deveria ter acesso, venha a tê-lo, ou até mesmo, por um ataque cibernético.

É importante adotar medidas de precaução rigorosas para garantir a segurança das informações. A primeira delas é evitar deixar atestados visíveis em mesas ou em qualquer local de fácil acesso a qualquer pessoa. Em todas as circunstâncias, as mesas devem estar sempre limpas, sem qualquer informação de empregados ou clientes visível, a fim de proteger a confidencialidade dos dados.

Essa mesma precaução deve ser aplicada quando se trata de documentos em formato digital. É fundamental que os atestados digitais não sejam acessíveis a colegas ou a titulares de setores que não tenham a incumbência de acessá-los. A confidencialidade das informações deve ser mantida de forma intransigente em todos os meios, físicos e digitais, para assegurar a segurança dos dados.

Cabe à empresa adotar medidas não apenas técnicas, mas também administrativas, para mitigar o risco, como: política de segurança da informação, política de mesa e tela limpas, bloqueio automático de tela quando o usuário sai do computador, proibição de outras pessoas, alheias ao tratamento necessário, acessarem o local noa qual os dados sensíveis são manuseados, entre outras medidas de segurança.

2.2.2. Dados biométricos

A biometria, classificada como um dado pessoal sensível, requer um tratamento especialmente cuidadoso, abrangendo tanto a avaliação da necessidade desse tratamento quanto a implementação de medidas de segurança rigorosas na empresa.

No contexto das práticas de RH, a utilização da biometria, incluindo o reconhecimento facial, pode desempenhar um papel importante na segurança e no controle de acesso às instalações das empresas. Isso se torna evidente ao considerarmos a importância de proteger o direito à vida e à integridade física do titular, bem como de terceiros, além da segurança patrimonial e das informações. Em processos de identificação e autenticação de cadastros em sistemas eletrônicos, a biometria oferece uma camada adicional de segurança.

Vale destacar que, mesmo quando a empresa se baseia em uma base legal que justifica a dispensa de consentimento, isso não a isenta da obrigação de seguir os 10 princípios de proteção de dados, incluindo a transparência no tratamento. Portanto, é fundamental que os trabalhadores sejam devidamente informados sobre como ocorre esse tratamento e quais finalidades são atendidas.

Conforme destacado pelo Grupo de Trabalho do Artigo 29, em seu Parecer 13 de 2011, sobre geolocalização, ao citar o Parecer 8 de 2001 sobre o tratamento de dados pessoais no contexto laboral, a obtenção de consentimento pode ser problemática, especialmente quando os trabalhadores enfrentam potenciais perdas de oportunidades de emprego ao recusar o consentimento. Em vez de solicitar o consentimento, os empresários devem avaliar a necessidade legítima de controlar a localização exata de seus empregados e ponderá-la com os direitos e liberdades fundamentais dos trabalhadores, o que se refere à hipótese legal de tratamento do legítimo interesse.

Um exemplo prático do uso da biometria, como o reconhecimento facial, no controle de acesso seria a implementação de sistemas que utilizam essa tecnologia para permitir que os funcionários acessem áreas restritas da empresa. Essa medida, além de garantir a segurança das instalações, também preserva a privacidade e protege os dados pessoais dos trabalhadores.

No entanto, é importante ressaltar a necessidade de evitar o desvio de finalidade. Embora a biometria, incluindo o reconhecimento facial, possa ser empregada ainda para o controle de jornada, dos trabalhadores, o que se enquadra em cumprimento de obrigação legal ou regulatória, é fundamental que a vigilância contínua da frequência e dos horários de entrada e saída não seja justificada se esses dados forem utilizados para finalidades diferentes das originalmente informadas, como a avaliação de desempenho.

Por exemplo, a empresa pode implementar um sistema de registro de ponto biométrico, onde os funcionários registram suas entradas e saídas usando suas impressões digitais ou o reconhecimento facial. Esses dados são coletados exclusivamente para o controle de jornada, garantindo que os funcionários cumpram seus horários de trabalho.

Qualquer uso adicional desses dados, incluindo o reconhecimento facial, para avaliação de desempenho ou outros fins não declarados seria considerado um desvio de finalidade e estaria em desacordo com a LGPD. Portanto, é fundamental que as empresas mantenham a integridade e a transparência em todas as etapas do tratamento de dados biométricos, incluindo o reconhecimento facial.

2.3. Dados anonimizados

A Lei Geral de Proteção de Dados não se aplica, por via de regra, aos dados anonimizados, entretanto, se houver a possibilidade de identificação ou reversão do processo e a pessoa for identificada, passamos a ter dados pessoais, ainda que diante da necessidade de informações adicionais.

Um dado será anonimizado, não sendo dado pessoal, quando se perde a possibilidade da associação, seja direta ou indireta, considerando-se a utilização de meios técnicos disponíveis e razoáveis no momento do tratamento.

Abaixo, um exemplo de anonimização.

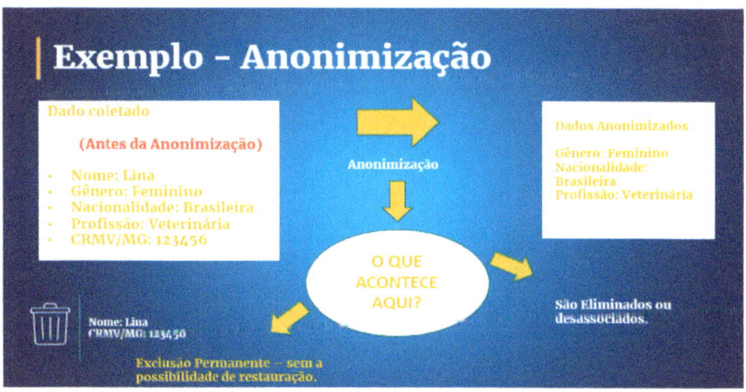

Fonte: Do autor, 2024

2.4. Dados pseudonimizados

Temos ainda os dados pseudonimizados que consistem apenas na possibilidade de identificação do titular com a utilização de informação adicional e mantida separadamente pelo controlador em ambiente controlado e seguro.

Abaixo, um exemplo de pseudonimização.

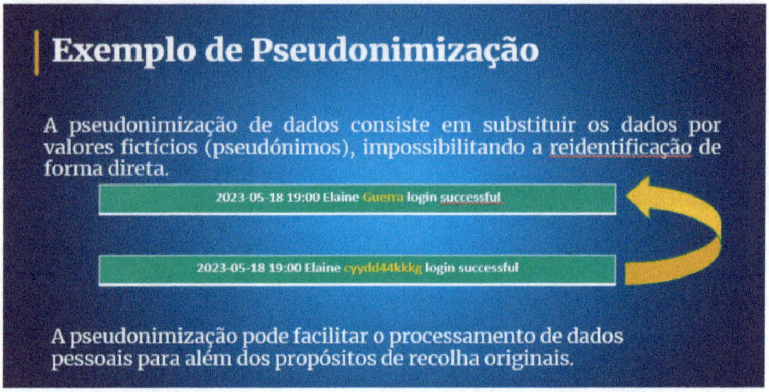

Fonte: Do autor, 2024

Capítulo 3

DIREITO DOS TITULARES DOS DADOS PESSOAIS

O titular é toda pessoa natural a quem se referem os dados pessoais, que são objeto de tratamento, (art. 5º, inciso V da LGPD)[2]. No que concerne ao departamento de RH, os titulares dos dados são os empregados, gestores, terceiros e parceiros que integram a organização.

O art. 18 da Lei Geral de Proteção de Dados Pessoais trata dos direitos especificamente dos titulares, sendo:

> Art. 18. O titular dos dados pessoais tem direito a obter do controlador, em relação aos dados do titular por ele tratados, a qualquer momento e mediante requisição:
>
> I – confirmação da existência de tratamento;
>
> II – acesso aos dados;
>
> III – correção de dados incompletos, inexatos ou desatualizados;
>
> IV – anonimização, bloqueio ou eliminação de dados desnecessários, excessivos ou tratados em desconformidade com o disposto nesta Lei;
>
> V – portabilidade dos dados a outro fornecedor de serviço ou produto, mediante requisição expressa e observados os segredos

---

(2) BRASIL. Lei n. 13.709, de 14 de agosto de 2018. Lei Geral de Proteção de Dados Pessoais (LGPD). Diário Oficial da União, Brasília, DF. 14 de agosto de 2018. Disponível em: <http://www.planalto.gov.br/ccivil_03/_ato2015-2018/2018/lei/L13709.htm>. Acesso em: 3 mar. 2021.

comercial e industrial, de acordo com a regulamentação do órgão controlador;

V - portabilidade dos dados a outro fornecedor de serviço ou produto, mediante requisição expressa, de acordo com a regulamentação da autoridade nacional, observados os segredos comercial e industrial;(Redação dada pela Lei n. 13.853, de 2019) Vigência.

VI - eliminação dos dados pessoais tratados com o consentimento do titular, exceto nas hipóteses previstas no art. 16 desta Lei;

VII - informação das entidades públicas e privadas com as quais o controlador realizou uso compartilhado de dados;

VIII - informação sobre a possibilidade de não fornecer consentimento e sobre as consequências da negativa;

IX - revogação do consentimento, nos termos do § 5º do art. 8º desta Lei.[3]

É essencial que os direitos dos titulares sejam protegidos em todos os processos de tratamento de dados realizados pelas empresas, a fim de prevenir incidentes ou vazamentos que possam comprometer a segurança das informações.

A empresa tem a responsabilidade de garantir transparência em relação aos tratamentos de dados realizados e deve incluir explicitamente os direitos dos titulares em sua política ou avisos de privacidade. Essa deve ser fornecida aos funcionários antes da coleta de seus dados, assegurando que estejam cientes de seus direitos e como a empresa lida com suas informações pessoais.

Continuando, no contexto específico do departamento de recursos humanos (RH), a aplicação dos direitos dos titulares ganha relevância especial. Vamos explorar alguns

---

(3) BRASIL. Lei n. 13.709, de 14 de agosto de 2018. Lei Geral de Proteção de Dados Pessoais (LGPD). Diário Oficial da União, Brasília, DF. 14 de agosto de 2018. Disponível em: <http://www.planalto.gov.br/ccivil_03/_ato2015-2018/2018/lei/L13709.htm>. Acesso em: 3 mar. 2021.

exemplos práticos de como esses direitos podem ser exercidos no RH:

- Acesso aos dados (art.18, II da LGPD): um colaborador pode solicitar acesso aos seus próprios registros pessoais mantidos pelo RH, como registros de frequência, registros de desempenho e informações de treinamento. Isso permite que o colaborador verifique a precisão de seus dados e monitore como suas informações estão sendo tratadas.

- Correção de dados (art.18, III da LGPD): se um colaborador identificar informações incorretas ou desatualizadas em seu registro de RH, ele tem o direito de solicitar a correção desses dados. Por exemplo, se o endereço de residência estiver desatualizado, o colaborador pode pedir que seja corrigido.

- Portabilidade de dados (art.18, V da LGPD): se entendermos que este dispositivo também se aplica aos empregados e não apenas aos consumidores, caso um colaborador decida deixar a empresa, ele pode solicitar a transferência de seus registros pessoais para seu novo empregador, desde que isso seja viável tecnicamente. Isso facilita a transição entre empregadores, garantindo que o novo empregador tenha as informações relevantes.

- Eliminação de dados (art.18, VI da LGPD): se um colaborador revogar seu consentimento para o tratamento de dados pessoais, a empresa deve eliminar os dados, a menos que haja uma base legal para a retenção. Por exemplo, se um colaborador não quiser mais que seu histórico médico seja mantido pelo RH, a empresa deve excluir essas informações, salvo para cumprimento de obrigação legal ou regulatória.

- Informação sobre compartilhamento de dados (art. 18, VII da LGPD): o RH deve fornecer informações sobre qualquer compartilhamento de dados com entidades externas, como órgãos governamentais ou parceiros de negócios, sempre que solicitado pelos colaboradores.

- Revogação do consentimento (art. 18, IX da LGPD): caso um empregado tenha dado seu consentimento para o tratamento de seus dados pessoais para uma finalidade determinada (pessoais) ou específica (sensíveis) e decida revogá-lo, a empresa deve cessar o tratamento desses dados para essa finalidade. A distinção entre determinada e específica reside na amplitude da finalidade: a primeira pode abranger um conjunto limitado de ações e a segunda é altamente restritiva e focada em uma única ação.

Esses exemplos ilustram como os direitos dos titulares, conforme estabelecidos na LGPD, se aplicam de maneira prática ao departamento de recursos humanos. É fundamental que as empresas estejam preparadas para atender a essas solicitações de forma adequada, respeitando os direitos dos trabalhadores e garantindo a conformidade com a lei.

Capítulo 4

TRATAMENTO DE DADOS PESSOAIS

Antes de adentrarmos para os conceitos e comentários específicos da base legal para o tratamento de dados pessoais, nas relações do trabalho, é importante compreender o conceito de tratamento de dados pessoais trazido pela Lei Geral de Proteção de Dados.

A Lei Geral de Proteção de Dados considera como tratamento "toda operação realizada com dados pessoais, como as que se referem a coleta, produção, recepção, classificação, utilização, acesso, reprodução, transmissão, distribuição, processamento, arquivamento, armazenamento, eliminação, avaliação ou controle da informação, modificação, comunicação, transferência, difusão ou extração" (Brasil, 2018)[4].

No cotidiano do setor de recursos humanos, o tratamento dos dados envolve a obtenção de informações de um candidato durante o processo de recrutamento e seleção, bem como a coleta de dados para procedimentos de admissão, rescisão, treinamentos, eventos, cursos e outras atividades pertinentes.

---

(4) BRASIL. Lei n. 13.709, de 14 de agosto de 2018. Lei Geral de Proteção de Dados Pessoais (LGPD). Diário Oficial da União, Brasília, DF, 14 de agosto de 2018. Disponível em: < http://www.planalto.gov.br/ccivil_03/_ato2015-2018/2018/lei/L13709.htm>. Acesso em: 3 mar. 2021.

4.1. Ciclo de vida dos dados pessoais

Para implementar um tratamento eficaz de dados pessoais, é imperativo que a empresa adote uma abordagem abrangente, começando pela compreensão e documentação completa de todo o fluxo de tratamento desses dados ao longo de seu ciclo de vida. Essa prática se revela fundamental para assegurar que a organização mantenha controle absoluto sobre os dados pessoais, desde o momento de sua criação até o processo de exclusão.

A figura a seguir sintetiza as fases do ciclo de vida do tratamento de dados pessoais, nos termos do art. 5º, inciso X, da LGPD.[5]

Figura 4 - Gráfico do Ciclo de Vida dos Dados Pessoais

(5) BRASIL. Lei n. 13.709, de 14 de agosto de 2018. Lei Geral de Proteção de Dados Pessoais (LGPD). Diário Oficial da União, Brasília, DF. 14 de agosto de 2018. Disponível em: < http://www.planalto.gov.br/ccivil_03/_ato2015-2018/2018/lei/L13709.htm>. Acesso em: 03 mar. 2021.

Com a entrada em vigor da LGPD, as empresas precisaram se adequar ao modelo pelo qual vinham coletando dados pessoais dos colaboradores.

Para garantir uma adequada conformidade com a LGPD, as empresas, principalmente no contexto de recursos humanos (RH), devem adotar uma abordagem abrangente em relação ao tratamento de dados pessoais.

Primeiramente, é fundamental que as empresas tenham um conhecimento claro sobre quais tipos de dados são coletados. Por exemplo, no RH, isso pode incluir informações sobre funcionários, como nome, CPF, endereço, e até mesmo dados sensíveis, como informações de saúde ou estado civil. É importante também compreender como esses dados são processados e para quais finalidades.

Uma prática recomendada é realizar uma revisão interna para identificar se os dados estão sendo compartilhados internamente de maneira adequada. Por exemplo, informações confidenciais dos funcionários não devem ser acessíveis a colaboradores que não tenham necessidade de conhecê-las. Qualquer falha nesse controle pode ser considerada um potencial vazamento de dados pessoais.

Além disso, as empresas devem estabelecer processos de auditoria junto a terceiros que possam ter acesso aos dados pessoais. Isso é especialmente importante quando a empresa utiliza serviços de processamento de dados ou outras empresas parceiras. Verificar se esses terceiros também seguem protocolos rígidos de segurança e proteção de dados é uma prática fundamental.

Outro aspecto crítico é determinar onde esses dados são armazenados. As empresas devem garantir que os dados pessoais sejam armazenados de maneira segura, conforme exigido pela LGPD. Caso os dados sejam armazenados em servidores no exterior, como em um serviço de nuvem hospedado em outro país, é fundamental verificar se esses servidores também estão em conformidade com as regulamentações de proteção de dados locais.

Por fim, é essencial estabelecer políticas claras e eficazes para a eliminação segura dos dados pessoais quando eles não forem mais necessários. Isso inclui a definição de prazos para a retenção de dados e a implementação de procedimentos seguros de exclusão, garantindo que as informações dos funcionários sejam removidas de forma definitiva e irreversível.

Em resumo, para atender às exigências da LGPD no contexto de recursos humanos, é fundamental compreender, controlar e proteger os dados pessoais de forma eficaz, além de estabelecer políticas claras para seu descarte seguro quando não forem mais necessários.

4.2. Bases legais para o tratamento nas relações de trabalho

Quando iniciadas as atividades que envolvam o tratamento de dados pessoais, conforme descrito no ciclo de vida, que os responsáveis pelo tratamento dediquem algum tempo a ponderar qual o fundamento legal adequado para o tratamento previsto, estudando inclusive legislações específicas para seu ramo de atividade, o que poderá mudar o enquadramento da base legal de tratamento. Os agentes de tratamento[6] deverão sempre enquadrar cada fluxo em uma das bases legais de tratamento de dados pessoais ou de dados pessoais sensíveis.

---

(6) Os agentes de tratamento conforme descrito no art. 5º, inciso IX da LGPD, são o controlador e o operador.

Um enquadramento inadequado pode resultar em não conformidade com a LGPD, acarretando consequências prejudiciais para o processo da empresa. Por exemplo, ao classificar incorretamente um processo como baseado no consentimento, o titular dos dados pode solicitar a revogação a qualquer momento, o que pode prejudicar o processo. Isso acontece quando se solicita o consentimento do empregado para realizar um exame admissional, mas a base legal não é o consentimento, e sim uma obrigação legal decorrente do processo de admissão. Logo, o empregador, não poderá enquadrar este processo como consentimento e sim como cumprimento de uma obrigação legal/regulatória.

Figura 5 - Base Legal - Relaçao do Trabalho

Fonte: Do autor, 2021

4.2.1. Consentimento

O consentimento é uma das dez bases legais para realizar o enquadramento no tratamento dos dados pessoais, tal, conforme previsto na Lei Geral de Proteção de Dados, mas não é o único, e não deverá ser a primeira escolha para o processo.

É fundamental ressaltar que o consentimento pode ser revogado a qualquer momento pelo titular dos dados pessoais.

Figura 6 - Consentimento = Revogação

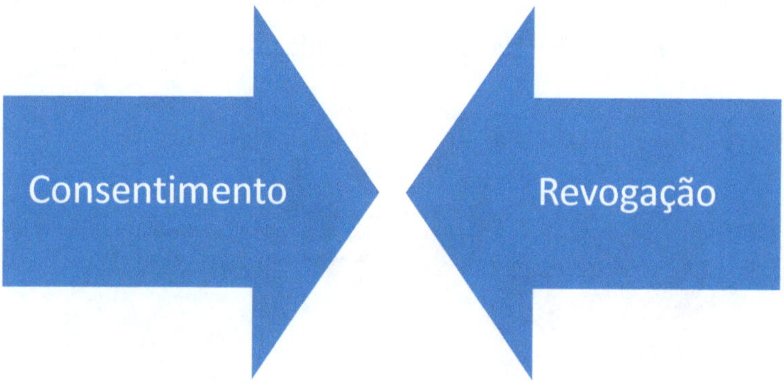

Fonte: Do autor, 2021

É importante orientar que, em regra, o consentimento só poderá constituir fundamento legal adequado se for oferecido como uma verdadeira opção, para o titular, de recusar, ou aceitar, o que lhe foi proposto e sem lhe trazer qualquer prejuízo como, por exemplo, a perda do emprego, ou a não efetivação da contratação.

Não poderá existir qualquer obrigatoriedade ou pressão para o empregado consentir no tratamento, ou não estaremos diante de um exercício livre de vontade e, dessa maneira, o consentimento não poderá ser eleito.

As empresas só poderão coletar dados necessários para a finalidade proposta, e se assim não o fizerem, desrespeitarão os princípios da Lei Geral de Proteção de Dados.

Importante destacar que, ao solicitar o consentimento, os responsáveis deverão avaliar se poderão de fato cumprir com todos os requisitos para obter um consentimento válido e em conformidade com a Lei, ou o consentimento não será válido e o tratamento será ilícito.

Exemplo de hipóteses em que se deve coletar o consentimento nas relações de trabalho: a empresa já possui os dados pessoais do empregado para outra finalidade inicial, como o e Social, e resolve fazer uma campanha de marketing, divulgação de aniversário nos grupos de WhatsApp da empresa, envio de presente, carta, bolo, mensagens no dia do aniversário do colaborador, divulgação de falecimento de algum parente do colaborador ou envio de corroa de flores durante o velório, uma ação comercial, entre outros.

É importante mencionar, que o colaborador, poderá negar o consentimento dos itens citados como exemplos, sem sofrer nenhuma sanção/punição administrativa, pelo não fornecimento do consentimento.

É de suma importância que, sempre que houver uma imposição ou obrigatoriedade de concordância, não haverá livre escolha e não existirá consentimento, já que este deverá ser livre, inequívoco e informado, e ainda consistir em uma verdadeira liberdade de escolha.

A Lei Geral de Proteção de Dados visa a proteção dos direitos fundamentais e o controle que as pessoas têm sobre os seus dados pessoais, e isso é essencial.

Exemplo: o empregado não poderia negar o consentimento ou recusar fornecer seu nome, CPF, identidade, carteira de trabalho, PIS ou outros dados que o empregador necessite enviar para o e Social, ou demais órgãos da administração pública federal, estadual e municipal. Logo, nesse caso, o consentimento não poderá ser a base legal de tratamento, e sim o cumprimento de uma obrigação legal/regulatória.

Em se tratando da utilização da base legal do consentimento, a empresa deverá elaborardo termo de consentimento com cláusulas claras e destacadas. Nessas cláusulas, é importante que se descreva o ciclo de vida dos dados.

4.2.1.1. Termo de consentimento

A relação de emprego é assimétrica já que tem de um lado o poder empregatício e do outro a subordinação. Diante do exposto, o desequilíbrio de poder é inerente às relações de emprego.

Na elaboração de um termo de consentimento, a análise detalhada da natureza da manifestação que deverá ser livre, informada e inequívoca do consentimento é fundamental, especialmente em contextos em que o empregado não enfrenta prejuízos ao recusar o consentimento, em virtude do desequilíbrio de poder existente. Por exemplo, no tratamento de dados de um empregado para fins como campanhas comerciais, de marketing ou celebrações de aniversário, o empregado não deve enfrentar retaliações, como perda de emprego ou benefícios, se optar por não dar seu consentimento.

Ao considerar a hipótese legal apropriada para o tratamento de dados pessoais, é essencial revisar e reforçar o entendimento sobre o consentimento e outras bases legais disponíveis. Importante ressaltar que, uma vez escolhido o consentimento como base legal, essa escolha não deve ser alterada posteriormente, pois o consentimento pode ser revogado pelo empregado a qualquer momento, garantindo a flexibilidade e o respeito aos direitos do titular.

As disposições dos artigos 8º e 18 da Lei Geral de Proteção de Dados (LGPD) estabelecem diretrizes fundamentais sobre o consentimento para o tratamento de dados pessoais. O artigo 8º sublinha a responsabilidade do controlador em demonstrar que o consentimento foi obtido de acordo com a lei. Este artigo também proíbe o tratamento de dados baseado em consentimentos obtidos de forma inadequada e exige que o consentimento seja coletado para finalidades claramente definidas. Além disso, permite que o titular possa revogar o consentimento de forma fácil e gratuita a qualquer momento, obrigando o controlador a informar o titular sobre quaisquer mudanças nas finalidades do tratamento que necessitem de novo consentimento.

Por sua vez, o artigo 18 reforça o direito do titular de ser informado sobre a possibilidade de não conceder o consentimento e as consequências dessa decisão. Também estabelece o direito de revogar o consentimento em qualquer momento, conforme o § 5º do artigo 8º, e de solicitar a eliminação dos dados, salvo em casos previstos no artigo 16 da LGPD, que trata das situações em que a manutenção dos dados é obrigatória por lei.

Essas orientações são fundamentais para assegurar que o tratamento de dados pessoais em qualquer organização esteja alinhado com as exigências legais da LGPD, promovendo a proteção dos dados e respeitando a autonomia dos titulares.

Figura 7 - Termo de consentimento

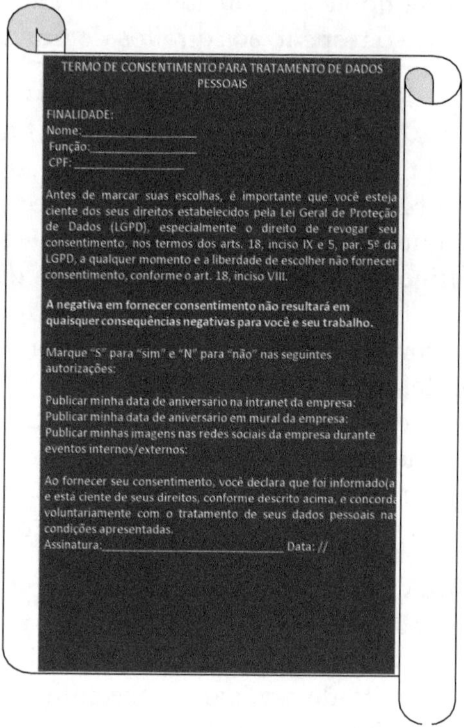

TERMO DE CONSENTIMENTO PARA TRATAMENTO DE DADOS PESSOAIS

FINALIDADE:
Nome:________________
Função:________________
CPF:________________

Antes de marcar suas escolhas, é importante que você esteja ciente dos seus direitos estabelecidos pela Lei Geral de Proteção de Dados (LGPD), especialmente o direito de revogar seu consentimento, nos termos dos arts. 18, inciso IX e 5, par. 5º da LGPD, a qualquer momento e a liberdade de escolher não fornecer consentimento, conforme o art. 18, inciso VIII.

A negativa em fornecer consentimento não resultará em quaisquer consequências negativas para você e seu trabalho.

Marque "S" para "sim" e "N" para "não" nas seguintes autorizações:

Publicar minha data de aniversário na intranet da empresa:
Publicar minha data de aniversário em mural da empresa:
Publicar minhas imagens nas redes sociais da empresa durante eventos internos/externos:

Ao fornecer seu consentimento, você declara que foi informado(a e está ciente de seus direitos, conforme descrito acima, e concorda voluntariamente com o tratamento de seus dados pessoais nas condições apresentadas.
Assinatura:______________________________ Data: //

4.2.2. Obrigação legal ou regulatória

A segunda base legal de tratamento da Lei Geral de Proteção de Dados é a obrigação Legal ou regulatória do controlador, que se aplica tanto para dados pessoais, como para dados pessoais sensíveis.

A obrigação legal ou regulatória está prevista no art. 7º, inciso II, da LGPD, para dados pessoais e no art. 11, inciso II, letra a, para dados sensíveis:

Art. 7, II, LGPD:

Art. 7º O tratamento de dados pessoais somente poderá ser realizado nas seguintes hipóteses: "

(...)

II - para o cumprimento de obrigação legal ou regulatória pelo controlador; [7]

Art. 11, II, a, LGPD:

Art. 11. O tratamento de dados pessoais sensíveis somente poderá ocorrer nas seguintes hipóteses:

(...)

II - sem fornecimento de consentimento do titular, nas hipóteses em que for indispensável para:

a) cumprimento de obrigação legal ou regulatória pelo controlador [8]

A hipótese mais comum, nas relações de emprego, na prática, de tratamento, com base na obrigação legal ou regulatória é o envio de dados para o eSocial, já que existe previsão no decreto do eSocial, logo, a empresa não poderá coletar o consentimento. O eSocial demanda uma intensa volumetria de dados, talvez a maior nas relações de trabalho com vínculo empregatício.

É importante destacar que, independentemente da hipótese legal de tratamento, incluindo-se o tratamento com base em uma obrigação legal ou regulatória, haverá a necessidade de informar o titular desse tratamento. Sempre precisará ser observada a transparência. É um erro comum

(7) BRASIL. Lei n. 13.709, de 14 de agosto de 2018. Lei Geral de Proteção de Dados Pessoais (LGPD). Diário Oficial da União, Brasília, DF. 14 de agosto de 2018. Disponível em: <http://www.planalto.gov.br/ccivil_03/_ato2015-2018/2018/lei/L13709.htm>. Acesso em: 3 mar. 2021.

(8) BRASIL. Lei n. 13.709/2018. Lei Geral de Proteção de Dados Pessoais (LGPD). Disponível em: <http://www.planalto.gov.br/ccivil_03/_ato2015-2018/2018/lei/L13709.htm>. Acesso em: 10 dez. 2020.

acharem que só se deve informar para o titular processamentos com base no consentimento.

O GDPR, no qual se inspira a legislação do Brasil, no art. 9, número 2, letra b, faz menção expressa à utilização dessa base legal para matéria de legislação trabalhista, seguridade social e proteção social, desde que esse tratamento seja permitido pelo direito da União ou dos Estados-Membros ou ainda por uma convenção coletiva e nos termos do direito dos Estados-Membros que preveja garantias adequadas dos direitos fundamentais e dos interesses do titular dos dados:

> se o tratamento for necessário para efeitos do cumprimento de obrigações e do exercício de direitos específicos do responsável pelo tratamento ou do titular dos dados em matéria de legislação laboral, de segurança social e de proteção social, na medida em que esse tratamento seja permitido pelo direito da União ou dos Estados-Membros ou ainda por uma convenção coletiva nos termos do direito dos Estados-Membros que preveja garantias adequadas dos direitos fundamentais e dos interesses do titular dos dados; [9]

Como mencionamos, o cumprimento de obrigação legal ou regulatória também poderá ser base legal para o tratamento de dados pessoais sensíveis e pode-se exemplificar com o uso da biometria digital para o registro eletrônico de

---

(9) EUROPA. Regulamento (UE) 2016/679 do Parlamento Europeu e do Conselho, de 27 de abril de 2016, relativo à proteção das pessoas singulares no que diz respeito ao tratamento de dados pessoais e à livre circulação desses dados e que revoga a Diretiva 95/46/CE (Regulamento Geral sobre a Proteção de Dados) (Texto relevante para efeitos do EEE). Disponível em: <https://eur-lex.europa.eu/legal-content/PT/ALL/?uri=celex:32016R0679>. Acesso em: 13 dez. 2020.

ponto, nos termos da Portaria 1510, do extinto Ministério do Trabalho[10].

Outra situação em que estamos diante de dados pes-soais sensíveis com a mesma base legal, logo não precisando de consentimento, é quando a empresa está diante de dados de saúde, os quais são sensíveis por excelência, já que o empregador sempre deverá proceder com os exames admissionais, demissionais e mesmo periódicos. Nesse ponto, a empresa não está isenta de realizar uma análise de risco com os fornecedores que tratam esses dados (caso sejam tratados por empresa terceirizada) e um Relatório de Impacto àa Proteção de Dados (RIPD), pois ela está tratando dos dados pessoais sensíveis dos seus colaboradores. No que tange ao RIPD, o livro tem um capítulo próprio para lhe explicar.

4.2.3. Execução de um contrato ou de procedimentos preliminares

O art. 7º, inciso V, da LGPD, e o art. 11, inciso II, letra d[11], trazem a base legal para o cumprimento de uma execução de contrato.

> Art. 7º O tratamento de dados pessoais somente poderá ser realizado nas seguintes hipóteses:
>
> (...)
>
> V - quando necessário para a execução de contrato ou de procedimentos preliminares relacionados a contrato do qual seja parte o titular, a pedido do titular dos dados;

---

(10) BRASIL. Portaria Ministro de Estado do Trabalho e Emprego n. 1.510 DE 21.08.2009 Disponível em: <http://www.normaslegais.com.br/legislacao/portaria1510_2009.htm>. Acesso em: 16 mar. de 2021.

(11) BRASIL. Lei n. 13.709/2018. Lei Geral de Proteção de Dados Pessoais (LGPD). Disponível em: <http://www.planalto.gov.br/ccivil_03/_ato2015-2018/2018/lei/L13709.htm>. Acesso em: 5 mar. 2021.

(...)

Art. 11. O tratamento de dados pessoais sensíveis somente poderá ocorrer nas seguintes hipóteses:

II - sem fornecimento de consentimento do titular, nas hipóteses em que for indispensável para:

(...)

d) exercício regular de direitos, inclusive em contrato e em processo judicial, administrativo e arbitral, este último nos termos da Lei n. 9.307, de 23 de setembro de 1996 (Lei de Arbitragem).[12]

Em situações em que um contrato já está em vigor, muitos processos se fazem necessários para cumprir as obrigações acordadas com o titular dos dados. Nesse contexto, não é viável solicitar consentimento, uma vez que negar tal tratamento de dados comprometeria a própria execução do contrato e prejudicaria a relação contratual. Portanto, o tratamento ou processamento de dados nesse cenário é indispensável para a própria existência e continuidade do contrato.

A hipótese legal de "execução do ccontrato" prevista na LGPD, conforme o art. 7º, inciso V, e o art. 11, inciso II, letra d (14), é de suma importância para permitir o tratamento de dados pessoais no contexto da execução de um contrato. Esta base legal possibilita às empresas processarem dados pessoais quando esses são estritamente necessários para a execução de um contrato do qual o titular faz parte e desde que tal processamento seja solicitado pelo próprio titular dos dados.

No entanto, é fundamental esclarecer que esta base legal não engloba situações em que o tratamento dos dados

---

(12) BRASIL. Lei n. 13.709/2018. Lei Geral de Proteção de Dados Pessoais (LGPD). Disponível em: <http://www.planalto.gov.br/ccivil_03/_ato2015-2018/2018/lei/L13709.htm>. Acesso em: 5 mar. 2021.

é imposto unilateralmente pelo empregador e não se mostra verdadeiramente essencial para a execução do contrato. Para que o tratamento de dados esteja em conformidade com a LGPD, é imprescindível que exista uma relação clara entre a necessidade desse tratamento e o cumprimento do princípio de limitação de finalidade, ou seja, deve ser estritamente necessário para a consecução do contrato.

Um exemplo prático dessa hipótese legal na área de recursos humanos (RH) é o tratamento de informações como salário e dados bancários dos empregados. Esses dados são essenciais para o pagamento correto dos salários e, portanto, estão diretamente relacionados à execução do contrato de trabalho.

Outra situação comum é a solicitação e análise de currículos de candidatos a uma vaga de emprego. Nesse caso, o tratamento dos dados contidos nos currículos pode ser considerado um procedimento preliminar para a execução de um contrato de trabalho, quando o tratamento for solicitado pelo trabalhador. No entanto, é fundamental que a empresa limite a coleta de dados apenas ao necessário para avaliar a aptidão do candidato, evitando a coleta de informações desnecessárias, já que, em um incidente, a empresa estará mais exposta. Dessa forma, uma melhor opção para a empresa é fazer um checklist por vaga com a solicitação dos dados estritamente necessários para avaliar a aptidão do candidato.

Para garantir a conformidade com a LGPD, é essencial que as empresas estejam atentas à necessidade real do tratamento de dados pessoais em cada contexto específico de execução de contrato. Além disso, é recomendável informar de maneira transparente aos titulares dos dados a finalidade desse tratamento, seja por meio de contratos de trabalho, aditivos contratuais ou políticas de privacidade, conforme apropriado. Dessa forma, a empresa assegura tanto a execução eficaz do contrato quanto o respeito aos direitos dos titulares dos dados, em conformidade com a legislação vigente.

Antes de finalizar este tópico, é fundamental frisar que o art. 7º, inciso V é fracionado em duas partes, sendo, execução de contrato e procedimentos preliminares, conforme já citado nos exemplos acima. No que diz respeito aos procedimentos preliminares para a execução do contrato, somente serão utilizados para o tratamento dos dados pessoais, não se aplicando esta opção para o tratamento dos dados sensíveis. Em se tratando de procedimentos preliminares e o caso for de dados sensíveis, a empresa deverá aplicar utilizar a base legal que melhor se aplique ao processo, como exemplo o consentimento.

4.2.4. Exercício regular de um direito em processo judicial, administrativo ou arbitral

Esta é a base de tratamento que justifica a atuação do jurídico sem o consentimento, inclusive quando falamos de dados de funcionários e está prevista no art. 7, inciso VI, para dados pessoais e no art. 11, inciso II, letra d, quando falamos de dados pessoais sensíveis:

> Art. 7º O tratamento de dados pessoais somente poderá ser realizado nas seguintes hipóteses:
>
> (...)
>
> VI - para o exercício regular de direitos em processo judicial, administrativo ou arbitral, esse último nos termos da Lei n. 9.307, de 23 de setembro de 1996 (Lei de Arbitragem) .
>
> Art. 11. O tratamento de dados pessoais sensíveis somente poderá ocorrer nas seguintes hipóteses:

> II - sem fornecimento de consentimento do titular, nas hipóteses em que for indispensável para:
>
> (...)
>
> d) exercício regular de direitos, inclusive em contrato e em processo judicial, administrativo e arbitral, este último nos termos da Lei n. 9.307, de 23 de setembro de 1996 (Lei de Arbitragem) [13]

Sempre que estivermos diante de dados pessoais, que poderão vir a ser necessários para demandas em geral, estes poderão ser armazenados, utilizando-se como parâmetro os prazos prescricionais, nas relações de emprego, nos termos do art. 7º, inciso XXIX, da Constituição Federal de 1988[14], sendo esse prazo de cinco anos e limitado a dois anos após à extinção do contrato de trabalho. Quando o empregado for menor de idade, o lapso prescricional apenas iniciará quando ele completar 18 anos de idade.

Havendo demanda judicial, estes dados poderão ser armazenados durante todo o período de discussão judicial.

Outra observação, é que existem doenças que poderão ser detectadas após anos de extinção do contrato de trabalho e, nesse caso, a prescrição só correrá da ciência da lesão, quando nasce a pretensão, mas a NR7 do extinto Ministério do Trabalho traz o prazo mínimo de 20 anos para os dados obtidos nos exames médicos, incluindo avaliação clínica e exames complementares.

---

(13) BRASIL. Lei n. 13.709/2018. Lei Geral de Proteçao de Dados Pessoais (LGPD). Disponível em: <http://www.planalto.gov.br/ccivil_03/_ato2015-2018/2018/lei/L13709.htm>. Acesso em: 10 dez. 2020.

(14) BRASIL. CONSTITUIÇÃO da República Federativa do Brasil, de 05.10.1988. Brasília, 1988. Disponível em: <http://www.planalto.gov.br/ccivil_03/constituicao/constituicao.htm>. Acessado em: 3 mar. 2021.

4.2.5. Proteção da vida ou da incolumidade física do titular ou de terceiro

Aqui estamos falando de situações que coloquem em exposição a saúde ou incolumidade física do titular ou de um terceiro. Nas relações de trabalho, há um dever constitucional de tutelar o meio ambiente de trabalho, protegendo e respeitando a saúde do trabalhador por meio de medidas de higiene, saúde e segurança do trabalho, e, se o tratamento for indispensável para essa proteção, deveremos considerar este tratamento:

> Art. 7º O tratamento de dados pessoais somente poderá ser realizado nas seguintes hipóteses:
>
> (...)
>
> VII - para a proteção da vida ou da incolumidade física do titular ou de terceiro.
>
> Art. 11. O tratamento de dados pessoais sensíveis somente poderá ocorrer nas seguintes hipóteses:
>
> II - sem fornecimento de consentimento do titular, nas hipóteses em que for indispensável para:
>
> (...)
>
> e) proteção da vida ou da incolumidade física do titular ou de terceiro [15]

A seguir, apresentamos alguns exemplos de situações em que é possível utilizar esta base legal em contextos de relações de trabalho:

Acidente com desaparecidos ou pessoas sequestradas:

Se houver um desastre, com desaparecidos, como ocorreu em Brumadinho[16], o tratamento poderá ser justificado,

---

(15) BRASIL. Lei 13.709/2018. Lei Geral de Proteção de Dados Pessoais (LGPD). Disponível em: <http://www.planalto.gov.br/ccivil_03/_ato2015-2018/2018/lei/L13709.htm>. Acesso em: 10 dez. 2020.

(16) G1. Brumadinho pode ser maior acidente de trabalho do Brasil<https://g1.globo.com/mg/minas-gerais/noticia/2019/01/29/brumadinho-pode-ser-maior-acidente-de-trabalho-do-brasil.ghtml>. Acesso em: 15 mar. 2021.

com base neste dispositivo, já que não haverá a possibilidade de coletar-se o consentimento daquele impedido de consentir e já que o objetivo será a proteção à vida do titular de dados.

Temperatura do colaborador durante o período da Covid-19:

Se não houver a coleta e armazenamento dos dados pessoais do colaborador na entrada da empresa, não existirá aplicação da Lei Geral de Proteção de Dados, mas se houver coleta e armazenamento desses dados para tratamento, esses dados poderão ser tratados, sempre que necessário, para a tutela da vida e integridade física do titular ou terceiro, como é o caso de tratar a temperatura para evitar-se a Covid-19. Como se trata de dado sensível, será necessária a elaboração de um Relatório de Impacto à proteção aos dados pessoais (RIPD).

4.2.6. Legítimo interesse

O legítimo interesse desempenha um papel importante no tratamento de dados pessoais, especialmente em contextos que envolvem relações de trabalho. No entanto, é fundamental enfatizar que essa base legal não deve ser interpretada como uma autorização genérica que permita o tratamento de dados sem o consentimento do titular. Pelo contrário, é imperativo que qualquer tratamento baseado no legítimo interesse seja estritamente necessário e represente a opção menos invasiva em relação aos direitos fundamentais do titular dos dados. Isso requer a realização de um teste de ponderação cuidadoso.

Em muitas situações, o legítimo interesse se aplica a relações laborais, onde a coleta e o processamento de dados desempenham um papel fundamental para o funcionamento adequado da empresa. No entanto, é importante ressaltar que o uso do legítimo interesse não pode ser uma "porta aberta" para todas as situações de tratamento que não se enquadram em outras hipóteses previstas na LGPD. Tanto nas relações de trabalho quanto nas relações de consumo, o tratamento de dados com base no legítimo interesse deve ser estritamente necessário e em conformidade com os princípios da dignidade da pessoa humana, dos valores sociais do trabalho, da privacidade e outros princípios fundamentais.

Conforme afirmado por Carloto (2020, p. 111):

> O tratamento pode ter por base o legítimo interesse do controlador, que é o empregador, em regra, quando se trata de relações de trabalho, nos termos do art. 7º, inciso IX, mas este não pode ser uma "porta aberta" para todas as situações de tratamento que não se encontram dentro das outras hipóteses não previstas nos demais incisos do artigo 7º da Lei Geral de Proteção de Dados do Brasil, nem nas relações de trabalho e nem nas relações de consumo.
>
> O tratamento poderá justificar-se no legítimo interesse, mas sempre prevalecendo os direitos e liberdades fundamentais do titular dos dados pessoais e não podendo haver qualquer tratamento abusivo, ou contrário aos princípios da dignidade da pessoa humana, dos valores sociais do trabalho, da privacidade e outros princípios fundamentais. (CARLOTO, 2020, p. 111).[17]

Portanto, é fundamental que qualquer tratamento baseado no legítimo interesse seja cuidadosamente avaliado,

---

(17) CARLOTO, Selma. Lei Geral de Proteção de Dados: enfoque nas relações de trabalho. São Paulo: LTr, 2020.

considerando sempre a prevalência dos direitos e liberdades fundamentais do titular dos dados pessoais. O uso dessa base legal requer uma análise minuciosa e a adoção de medidas adequadas para garantir a conformidade com a LGPD.

A hipótese ou base legal do legítimo interesse, conforme previsto no art. 7º, inciso IX, da LGPD, exige a realização de um teste de ponderação, também conhecido como LIA (Legitimate Interests Assessment), como hipótese apta a justificar o tratamento de dados. Muitas vezes, o legítimo interesse demanda garantias ainda adicionais.

Essas garantias podem incluir a implementação de medidas de segurança avançadas, a realização de análises de impacto à proteção de dados, a minimização dos dados processados e a garantia de transparência no tratamento de dados, entre outras práticas que assegurem a conformidade com a LGPD.

> Art. 7º O tratamento de dados pessoais somente poderá ser realizado nas seguintes hipóteses.
>
> (...)
>
> IX - quando necessário para atender aos interesses legítimos do controlador ou de terceiro, exceto no caso de prevalecerem direitos e liberdades fundamentais do titular que exijam a proteção dos dados pessoais.[18]

O art.10 da Lei Geral de Proteção de Dados (LGPD) estabelece as diretrizes para o uso da base legal de "legítimo interesse" no tratamento de dados pessoais. Essa base legal é fundamental em situações específicas, especialmente em contextos de relações de trabalho, onde a coleta e o processamento de dados são essenciais para o funcionamento adequado das empresas. No entanto, é importante observar que

(18) Teste de ponderação. Reparem que este está previsto e exatamente com a mesma redação no art.igo 11, inciso II, letra g da LGPD para dados sensíveis.

o uso do legítimo interesse não deve ser uma autorização geral para o tratamento de dados. Ele deve ser estritamente necessário e a alternativa menos invasiva em relação aos direitos fundamentais do titular dos dados. Este depende de um teste de ponderação.

> Art. 10. O legítimo interesse do controlador somente poderá fundamentar tratamento de dados pessoais para finalidades legítimas, consideradas a partir de situações concretas, que incluem, mas não se limitam a:
>
> I - apoio e promoção de atividades do controlador; e
>
> II - proteção, em relação ao titular, do exercício regular de seus direitos ou prestação de serviços que o beneficiem, respeitadas as legítimas expectativas dele e os direitos e liberdades fundamentais, nos termos desta Lei.
>
> § 1º Quando o tratamento for baseado no legítimo interesse do controlador, somente os dados pessoais estritamente necessários para a finalidade pretendida poderão ser tratados.
>
> § 2º O controlador deverá adotar medidas para garantir a transparência do tratamento de dados baseado em seu legítimo interesse.
>
> § 3º A autoridade nacional poderá solicitar ao controlador relatório de impacto à proteção de dados pessoais, quando o tratamento tiver como fundamento seu interesse legítimo, observados os segredos comercial e industrial.[19]

O artigo 10 da Lei Geral de Proteção de Dados Pessoais (LGPD) introduz o "legítimo interesse" como uma base legal fundamental para o tratamento de dados pessoais, aplicável apenas quando as finalidades legítimas justificadas são claramente avaliadas em contextos específicos. O artigo destaca duas finalidades primárias: a promoção das atividades do controlador, que geralmente envolve

(19) BRASIL. Lei n. 13.709/2018. Lei Geral de Proteção de Dados Pessoais (LGPD). Disponível em: <http://www.planalto.gov.br/ccivil_03/_ato2015-2018/2018/lei/L13709.htm>. Acesso em: 3 mar. 2021.

uma empresa, e a proteção dos direitos do titular dos dados, garantindo que tal proteção não infrinja os direitos e liberdades fundamentais do titular, conforme estabelecido na legislação. Além disso, ao se basear no legítimo interesse, a lei exige que apenas os dados pessoais estritamente necessários para alcançar a finalidade pretendida sejam tratados.

Adicionalmente, o § 1º do artigo 10 impõe uma restrição significativa: o tratamento deve ser restrito ao mínimo necessário para atingir o objetivo legítimo, prevenindo a coleta excessiva de dados. Esse parágrafo reforça a exigência de que as medidas de transparência sejam adotadas pelo controlador e permite a avaliação pela autoridade nacional de proteção de dados, assegurando que toda manipulação de dados esteja em conformidade com a LGPD.O § 2º coloca a responsabilidade sobre o controlador ao exigir que ele adote medidas para garantir a transparência no tratamento de dados baseado em legítimo interesse. Isso inclui a obrigação de informar de forma clara e compreensível os titulares dos dados sobre as finalidades do tratamento e outros aspectos relacionados à proteção de dados.

Por fim, o § 3º menciona que a Autoridade Nacional de Proteção de Dados (ANPD) tem o poder de solicitar ao controlador a elaboração de um Relatório de Impacto à Proteção de Dados Pessoais (RIPD) sempre que o tratamento de dados se basear no legítimo interesse.

Esse relatório é uma avaliação detalhada dos riscos e impactos do tratamento de dados sobre a privacidade e a proteção de dados dos titulares. A ANPD pode solicitar o RIPD para garantir que o tratamento seja feito de maneira adequada e em conformidade com a LGPD, especialmente quando o legítimo interesse é a base legal utilizada em tratamentos de alto risco, nos termos do art. 55, letra *j*, inciso XIII, da LGPD.

Os tratamentos com base no legítimo interesse devem assegurar uma transparência substancial ao titular dos dados, contribuindo para reforçar a legitimidade do tratamento e atender às expectativas legítimas do titular.

4.2.6.1. Exemplos de atividades de tratamento nas relações de trabalho

A seguir, apresentamos alguns exemplos de situações em que é possível utilizar a base legal do legítimo interesse em contextos de relações de trabalho:

Monitoramento de e-mail corporativo: o empregador pode justificar o monitoramento do e-mail corporativo de seus funcionários com base no legítimo interesse, desde que esse monitoramento seja estritamente necessário e proporcional à finalidade pretendida.

Monitoramento de LinkedIn após rescisão em caso de cláusula de não concorrência: quando há uma cláusula de não concorrência no contrato de trabalho, o empregador pode utilizar o legítimo interesse para verificar o perfil do ex-funcionário no LinkedIn para garantir o cumprimento dessa cláusula, desde que o exame seja relevante e proporcional à finalidade.

Aplicação de avaliação de desempenho, testes de proficiências, entre outros: algumas empresas realizam de tempo em tempo com os seus colaboradores.

Além disso, no contexto de dados pessoais sensíveis, como em videovigilância, biometria para controle de acesso ou imagens, a hipótese legal do legítimo interesse prevista no art. 7º, inciso IX, não é adequada; mas, nesses casos, o tratamento pode ser fundamentado no art. 11, inciso II, letra g da LGPD, que se refere à prevenção de fraudes e à segurança do titular, quando esta a finalidade, especialmente em processos de identificação e autenticação de cadastro em sistemas eletrônicos. É importante observar que o art. 11 da LGPD não aborda o legítimo interesse de forma abrangente, mas incorpora a proteção contra fraudes e a segurança como elementos do legítimo interesse no contexto de dados pessoais sensíveis. Podemos dizer que o art. 11, inciso II, letra g, é uma fatia do legítimo interesse para uma situação específica. Esse enquadramento é consistente com o Considerando 47 do GDPR, que estipula que o tratamento de dados pessoais estritamente necessário para prevenir e controlar fraudes é um interesse legítimo do controlador.

4.2.6.2. Garantia da prevenção à fraude e à segurança do titular, legítimo interesse e o teste de ponderação

O art. 11, inciso II, letra *g*, da Lei Geral de Proteção de Dados (LGPD) brasileira, ilustra de forma clara o conceito de legítimo interesse na proteção de dados pessoais. Este artigo estipula a garantia da prevenção à fraude e a segurança do titular nos processos de identificação e autenticação de cadastro em sistemas eletrônicos, com a ressalva de que os direitos e liberdades fundamentais do titular que exigem a proteção dos dados pessoais devem prevalecer.

Este preceito está alinhado ao art. 10 da LGPD, que define o legítimo interesse do controlador como base para o tratamento de dados pessoais apenas para finalidades legítimas, consideradas a partir de situações concretas. O art. 11, inciso II, letra *g*, exemplifica uma dessas situações concretas, onde a prevenção à fraude e a segurança nos processos eletrônicos representam finalidades legítimas.

A inclusão da cláusula de exceção, que prioriza os direitos e liberdades fundamentais do titular, é um aspecto fundamental. Ela remete diretamente ao teste de ponderação do legítimo interesse, um elemento central na aplicação da

LGPD. Esse teste exige uma análise cuidadosa para garantir que o tratamento de dados, mesmo sob a justificativa de prevenção à fraude ou segurança, não viole os direitos fundamentais dos titulares.

Além disso, o Considerando 47 do Regulamento Geral de Proteção de Dados (GDPR) da União Europeia reforça esse entendimento ao afirmar que o tratamento de dados pessoais estritamente necessário para prevenir e controlar fraudes é um interesse legítimo do controlador. Essa perspectiva internacional amplia a compreensão da aplicação do legítimo interesse no contexto global de proteção de dados.

Portanto, o art. 11, inciso II, letra *g*, da LGPD serve como um exemplo prático de como o legítimo interesse deve ser aplicado, respeitando-se sempre os direitos e liberdades fundamentais dos titulares. A lei busca um equilíbrio entre proteger os interesses do controlador, como a segurança e a integridade dos sistemas, e preservar os direitos dos titulares dos dados. Este equilíbrio é fundamental para a aplicação efetiva e responsável da LGPD, especialmente em um ambiente digital em constante evolução, onde a proteção de dados pessoais se torna cada vez mais importante e crítica.

Dessa forma, o art. 11, da LGPD, que dispõe sobre os dados pessoais sensíveis, não contempla o legítimo interesse de forma ampla, como o art. 7º, inciso IX, restringindo as hipóteses de legítimo interesse de dados pessoais sensíveis à garantia da prevenção à fraude e à segurança do titular, nos processos de identificação e autenticação de cadastro em sistemas eletrônicos, como sendo uma fatia do legítimo interesse para os dados sensíveis.

> Art. 11. O tratamento de dados pessoais sensíveis somente poderá ocorrer nas seguintes hipóteses:

II - sem fornecimento de consentimento do titular, nas hipóteses em que for indispensável para:

(...)

g) garantia da prevenção à fraude e à segurança do titular, nos processos de identificação e autenticação de cadastro em sistemas eletrônicos, resguardados os direitos mencionados no art. 9º desta Lei e exceto no caso de prevalecerem direitos e liberdades fundamentais do titular que exijam a proteção dos dados pessoais.[(20)]

Destaque-se que, quando a LGPD preconiza no art. 11, inciso II, letra "g":" "exceto no caso de prevalecerem direitos e liberdades fundamentais do titular que exijam a proteção dos dados pessoais.", "estamos diante do teste de ponderação ou LIA (Legitimate Interests Assessment). Inclusive, sendo a mesma redação do art.igo 7º, inciso IX, da LGPD, hipótese legal de tratamento para dados pessoais e que dispõe:

"IX - quando necessário para atender aos interesses legítimos do controlador ou de terceiro, exceto no caso de prevalecerem direitos e liberdades fundamentais do titular que exijam a proteção dos dados pessoais;"[(21)]

Um exemplo poderia ser a autenticação biométrica para controle de acesso: o uso de dados biométricos, como impressões digitais ou reconhecimento facial, para controlar o acesso a áreas restritas da empresa. Este uso deve ser claramente justificado pela necessidade de segurança e sujeito ao consentimento do funcionário. Também a videovigilância quando empregada com tecnologias avançadas

---

(20) BRASIL. Lei n. 13.709/2018. Lei Geral de Proteção de Dados Pessoais (LGPD). Disponível em: <http://www.planalto.gov.br/ccivil_03/_ato2015-2018/2018/lei/L13709.htm>. Acesso em: 3 mar. 2021.

(21) BRASIL. Lei n. 13.709, de 14 de agosto de 2018. Lei Geral de Proteção de Dados Pessoais (LGPD). Diário Oficial da União, Brasília, DF. 14 de agosto de 2018. Disponível em: <http://www.planalto.gov.br/ccivil_03/_ato2015-2018/2018/lei/L13709.htm>. Acesso em: 3 mar. 2021.

para monitorar e assegurar áreas sensíveis ou de acesso restrito em uma empresa com o escopo de prevenção de fraudes e a segurança dos titulares dos dados. Essa tecnologia permite a identificação e a autenticação de titulares de forma eficaz, contribuindo para a segurança do ambiente de trabalho.

4.2.6.3. LIA - Teste de ponderação do legítimo interesse

O Parecer 06/2014, WP 217, do Grupo de Trabalho do Artigo 29[22], da União Europeia, referente ao conceito de interesses legítimos do responsável pelo tratamento de dados na acepção do art. 7º da Diretiva 95/46/CE da União Europeia, fornece um guia estruturado para a realização da "LIA" (Legitimate Interests Assessment) ou teste de ponderação, conforme descrito no Anexo 1.

Este guia rápido auxilia na execução do teste de ponderação previsto no art.igo 6º do Regulamento Geral de Proteção de Dados (GDPR) e no art. 10 da LGPD, estabelecendo as seguintes etapas:

> Etapa 1: Verificar quais são os fundamentos jurídicos potencialmente aplicáveis nos termos do artigo 6° da GDPR;
>
> Etapa 2: Qualificar um interesse como "legítimo" ou "ilegítimo";
>
> Etapa 3: Determinar se o tratamento é necessário para servir o interesse prosseguido;
>
> Etapa 4: Estabelecer um equilíbrio provisório verificando se os interesses ou os direitos fundamentais

(22) Parecer 06/2014 sobre o conceito de interesses legítimos do responsável pelo tratamento dos dados do art.igo 7º da Diretiva 95/46/CE, anexo 1.

das pessoas em causa prevalecem sobre o interesse do responsável pelo tratamento de dados;

Etapa 5: Estabelecer um equilíbrio final tendo em conta as garantias complementares;

Etapa 6: Demonstrar o cumprimento e garantir a transparência;

Etapa 7: E se a pessoa em causa exercer o seu direito de oposição?[(23)]

Dessa forma, é importante realizar um teste de ponderação de acordo com as etapas acima descritas, envolvendo as seguintes questões e que são denominadas em seu conjunto de LIA (*legitimate interests assessment*), ou avaliação do legítimo interesse, que auxilia na análise do processamento ou não dos dados que serão utilizados com base no legítimo interesse.

Agora passamos a explicar cada uma das sete etapas do teste de ponderação, ou avaliação de legítimo interesse (LIA), conforme o Parecer 13 de 2011 da União Europeia, com maior profundidade.

Etapa 1 - Verificação dos fundamentos legais: Nesta fase, você deve identificar se pelo menos um dos fundamentos legais da LGPD é aplicável ao tratamento de dados em questão. A LGPD prevê diversos fundamentos legais, como o consentimento do titular, a execução de contrato, o cumprimento de obrigações legais e, é claro, o legítimo interesse.

Etapa 2 - Qualificação do interesse como legítimo: Para que o legítimo interesse seja aceito como base legal,

(23) Parecer 06/2014 sobre o conceito de interesses legítimos do responsável pelo tratamento dos dados do art. 7º da Diretiva 95/46/CE, anexo 1.

ele deve atender a critérios específicos. Deve ser lícito, claramente definido para permitir a realização do teste de ponderação e representar um interesse real e atual.

Etapa 3 - Avaliação de meios menos invasivos: Nesta etapa, você deve avaliar se existem alternativas menos invasivas para alcançar a finalidade do tratamento e atender ao interesse legítimo. Isso envolve determinar se o tratamento é realmente necessário.

Etapa 4 - Estabelecimento de equilíbrio provisório: Aqui, você deve avaliar se os interesses ou direitos fundamentais das pessoas afetadas prevalecem sobre o interesse do responsável pelo tratamento. Também é importante considerar qualquer prejuízo potencial para o responsável pelo tratamento, terceiros ou a comunidade em geral, caso o tratamento não ocorra. Como exemplo: ao monitorar os e-mails dos funcionários para proteger a propriedade intelectual da empresa, deve-se pesar os interesses dos funcionários à privacidade e o potencial impacto na cultura de confiança da empresa.

Etapa 5 - Estabelecimento de equilíbrio final e garantias complementares: Nesta fase, você deve considerar garantias complementares, como anonimização de dados, minimização de dados, Relatórios de Impacto à Proteção de Dados (RIPD) e medidas técnicas e organizacionais para proteger a privacidade. Como exemplo: implementar uma política de retenção de dados que exclui automaticamente e-mails após um determinado período, a menos que sejam relevantes para fins legais.

Etapa 6 - Demonstrar cumprimento e transparência: É importante informar às pessoas afetadas, porque o equilíbrio favorece o responsável pelo tratamento, e manter registros disponíveis para as autoridades de proteção de dados.

Como exemplo: fornecer aos funcionários uma política ou aviso de privacidade que explique como seus e-mails podem ser monitorados e com que finalidade, o que também está previsto no art.10º., § 2º. da LGPD.

Etapa 7 - Direito de oposição: Se uma pessoa afetada se opuser ao tratamento, deve haver um mecanismo para reavaliar o equilíbrio e, se necessário, interromper o tratamento dos dados. Como exemplo: se um funcionário se opuser ao monitoramento de e-mails, a empresa deve rever a justificativa para o tratamento com base no legítimo interesse e considerar alternativas, se fundamentada a recusa. Essas etapas ajudam a garantir que o tratamento de dados com base no legítimo interesse seja feito de forma justa, transparente e respeitando os direitos dos titulares dos dados.(24)

Seguindo as etapas trazidas pelo parecer do grupo de trabalho do art. 29 é fundamental implementar um questionário para avaliação da necessidade do tratamento com base no legítimo interesse. Com isso, poderemos chegar a uma conclusão e tomar a decisão pela utilização ou não do legítimo interesse.

Ressalte-se que o teste de ponderação ou avaliação do legítimo interesse - LIA é composto por 7 etapas no Parecer 13 de 2011 da União Europeia e estas são sequencialmente subcapítulos que fazem parte de 4 fases de um teste de ponderação:

Conectando cada etapa dentro das fases de um LIA:

Avaliação da legitimidade do tratamento:

Etapa 1: Verificar quais são os fundamentos jurídicos potencialmente aplicáveis nos termos do art. 6º do GDPR;

---

(24) Parecer 06/2014 sobre o conceito de interesses legítimos do responsável pelo tratamento dos dados do art. 7º da Diretiva 95/46/CE, anexo 1.

Etapa 2: Qualificar um interesse como "legítimo" ou "ilegítimo";

Necessidade:

Etapa 3: Determinar se o tratamento é necessário para servir o interesse prosseguido;

Balanceamento:

Etapa 4: Estabelecer um equilíbrio provisório verificando se os interesses ou os direitos fundamentais das pessoas em causa prevalecem sobre o interesse do responsável pelo tratamento de dados;

Etapa 5: Estabelecer um equilíbrio final tendo em conta as garantias complementares;

Salvaguardas:

Etapa 6: Demonstrar o cumprimento e garantir a transparência;

Etapa 7: E se a pessoa em causa exercer o seu direito de oposição?

Após a análise detalhada das etapas conforme estabelecidas no Parecer 13 de 2011 da União Europeia, é importante entender como estas se encaixam nas fases gerais de um teste de ponderação do legítimo interesse. As etapas do parecer oferecem um guia detalhado e específico, enquanto as fases gerais abordam o processo de forma mais abrangente. Cada etapa do Parecer 13 pode ser vista como um componente integral de uma fase maior no processo de avaliação da LIA, permitindo uma compreensão mais holística e estruturada de como as organizações devem abordar o processamento de dados pessoais em conformidade com o GDPR. A seguir, exploramos cada uma dessas fases gerais, juntamente com as perguntas chaves que ajudam a guiar e a validar o processo de avaliação.

O Teste de Ponderação do Legítimo Interesse (LIA, do inglês "*Legitimate Interests Assessment*") é um procedimento fundamental no contexto da proteção de dados pessoais, especialmente sob regulamentos como o GDPR (Regulamento Geral sobre a Proteção de Dados) da União Europeia. Este teste é utilizado para determinar se os interesses legítimos de um controlador, ao processar dados pessoais, são sobrepostos pelos direitos e liberdades dos titulares cujos dados estão sendo processados.

As fases típicas de um teste de ponderação do legítimo interesse são:

Identificação do interesse legítimo: a primeira etapa envolve a identificação clara do interesse legítimo que a empresa controladora (quem define a base legal é o controlador) está perseguindo. Isso pode incluir interesses relacionados a atividades comerciais, segurança, prevenção de fraudes, entre outros.

Necessidade do processamento de dados: após identificar o interesse legítimo, a empresa controladora deverá demonstrar que o processamento de dados pessoais é necessário para atingir esse interesse. Ou seja, deve-se provar que não há outra maneira menos invasiva de atingir o mesmo objetivo.

Balanceamento ou teste de equilíbrio (Balanço de interesses): este é o "core", a parte central da LIA, onde os interesses legítimos da empresa controladora são equilibrados com os direitos e liberdades dos titulares. Isso inclui considerar a natureza dos dados, o contexto do processamento e o impacto potencial sobre os titulares. A organização deve avaliar se os direitos dos titulares sobrepõem seus próprios interesses legítimos. Estabelece-se um equilíbrio provisório e depois um definitivo.

Implementação de medidas de salvaguarda: o controlador deverá implementar medidas adicionais para proteger os direitos dos titulares, o que deve incluir limitações sobre o uso de dados, medidas de segurança aprimoradas e meios para os titulares exercerem seus direitos em relação aos seus dados.

Revisão periódica: a LIA não é um processo único. Deve ser revisado periodicamente para garantir que continua sendo relevante e válido, especialmente se as circunstâncias ou a natureza do processamento de dados mudarem.

Realizar um LIA é essencial para controladores que pretendem processar dados pessoais com base em seus interesses legítimos, garantindo que estejam em conformidade com a LGPD e respeitando os direitos dos titulares.

É importante manter o registro da LIA na empresa controladora. Para elaboração da LIA, faz-se necessário alguns questionamentos de acordo com as etapas mencionadas acima. Este questionamento foi dividido entre necessidade, balanceamento e salvaguardas.

Tabela n. 1

Identificação do Interesse Legítimo	Necessidade do Processamento de Dados	Balanceamento ou Teste de Equilíbrio (Balanço de Interesses)	Implementação de Medidas de Salvaguarda:	Revisão Periódica e Documentação e Compliance
Quais são os interesses específicos da empresa controladora ao processar os dados?	O processamento de dados é estritamente necessário para alcançar os interesses identificados?	Os direitos e expectativas de privacidade dos titulares afetados são superados pelo interesse legítimo?	Quais medidas de proteção podem ser implementadas para garantir os direitos dos titulares?	Como e com que frequência a LIA será revisado para garantir sua atualidade e conformidade contínua?
Como esses interesses se alinham com os fundamentos jurídicos do art. 7º, inciso IX ou se for o caso do art. 11, inciso II, letra g da LGPD?	Existe uma maneira menos invasiva de alcançar os mesmos objetivos?	Qual é o impacto do processamento de dados sobre os titulares?	Como a empresa pode aumentar a transparência e permitir que os titulares exerçam seus direitos de privacidade?	Como a organização documenta e mantém registros das etapas da LIA e das decisões tomadas?

Esses interesses podem ser considerados legítimos e válidos sob a perspectiva legal e ética?	Os dados processados são os mínimos necessários para atingir esses objetivos?	Os titulares esperariam esse processamento como parte de sua relação com a organização?	Há procedimentos claros para lidar com objeções ou solicitações dos titulares dos dados?	Existem processos para atualização e avaliação em resposta a mudanças nas operações, nos dados processados ou na legislação relevante?
		Existem crianças ou dados sensíveis envolvidos, que exigiriam considerações adicionais?		
		Os interesses legítimos do controlador se sobrepõem aos direitos e liberdades dos titulares afetados?		

Fonte: do autor, 2024

4.2.6.4. Salvaguardas

O mesmo parecer traz alguns exemplos na prática de situações em que o legítimo interesse poderá ser a base legal de tratamento adotada e outras em que o teste de ponderação concluiu em sentido contrário pela negativa da eleição do legítimo interesse como base legal:

Exemplo 14: **Monitorização eletrônica da utilização da Internet**: O empregador monitora a utilização da Internet pelos seus trabalhadores durante as horas de trabalho para verificar se não estão a utiliza lizando de forma excessiva as tecnologias de informação da empresa para fins pessoais. Os dados coletados incluem ficheiros temporários e cookies gerados nos computadores dos trabalhadores, que mostram os sítios Web visitados e os descarregamentos efetuados durante as horas de trabalho. Os dados são tratados sem consultar previamente as pessoas em causa e os delegados sindicais/ conselho de trabalhadores da empresa. Também não é fornecida informação suficiente sobre essas práticas às pessoas em causa. O volume e a natureza dos dados recolhidos constituem uma intromissão significativa na vida privada dos trabalhadores. Para além das questões de proporcionalidade, a transparência no que respeita às práticas, estreitamente ligadas às expectativas razoáveis das pessoas em causa, é igualmente um fator importante a ter em conta. Ainda que o empregador tenha um interesse legítimo em limitar o tempo despendido pelos trabalhadores a visitar sítios Web que não estejam diretamente relacionados com o seu trabalho, os métodos utilizados não preenchem os requisitos do teste da ponderação previsto no art. 7º, alínea f). O empregador deve utilizar métodos menos intrusivos (por exemplo, limitar o acesso a determinados sítios Web), que sejam, a título de boas práticas, objeto de discussão e acordo com os representantes dos trabalhadores e comunicados aos trabalhadores de forma transparente.[25]

---

(25) Citações diretas em português de Portugal.

O Exemplo 14 ilustra o monitoramento eletrônico da utilização da internet por parte do empregador durante as horas de trabalho para verificar o uso excessivo das tecnologias de informação da empresa para fins pessoais pelos trabalhadores. Os dados coletados incluem ficheiros temporários e cookies gerados nos computadores dos trabalhadores, que registram os sítios web visitados e os downloads realizados durante o horário de trabalho. Esta prática levanta preocupações significativas em relação à proteção de dados e privacidade dos trabalhadores sob o escopo da LGPD e do GDPR.

Primeiramente, deve-se destacar a falta de proporcionalidade nesse tratamento de dados. O volume e a natureza dos dados coletados constituem uma intromissão significativa na vida privada dos trabalhadores. Embora o empregador possua um interesse legítimo em limitar o tempo gasto pelos trabalhadores em sites da internet não relacionados ao trabalho, os métodos utilizados neste caso específico não atendem aos requisitos estabelecidos no teste de ponderação.

Uma abordagem mais adequada envolveria o uso de métodos menos intrusivos, como a limitação de acesso a determinados sites da internet. Além disso, é fundamental observar os dez princípios de proteção de dados, como estabelecidos anteriormente. A transparência é um princípio fundamental tanto na LGPD quanto noa GDPR. Portanto, em qualquer tratamento de dados, garantir a transparência por meio da adequada divulgação e informação aos titulares dos dados é essencial.

Nesse contexto, a falta de informação adequada aos trabalhadores sobre as práticas de monitoramento eletrônico e o tratamento de seus dados torna o processo ilegítimo. A transparência é fundamental para garantir que os titulares dos dados compreendam como será realizado o tratamento de suas informações pessoais. Portanto, é fundamental que o empregador comunique previamente, e de forma transparente e clara as práticas de monitoramento e o tratamento de dados aos trabalhadores, em conformidade com os princípios da LGPD e do GDPR.

Exemplo 16: **Sistema "interno" de denúncias sem procedimentos coerentes:** Uma empresa de serviços financeiros decide instituir um sistema de denúncias porque suspeita que existem práticas generalizadas de furto e de corrupção entre o seu pessoal e deseja incentivar os trabalhadores a fornecer informações sobre os colegas. Para poupar dinheiro, a empresa decide gerir o sistema internamente, recorrendo a funcionários do departamento de recursos humanos. Para incentivar os trabalhadores a utilizar o sistema, oferece uma recompensa monetária (sem fazer quaisquer perguntas) aos trabalhadores cujas denúncias conduzam à detecção de condutas impróprias e à recuperação de fundos. A empresa tem, de facto, um interesse legítimo em detectar e prevenir práticas de furto e de corrupção. No entanto, o seu sistema de denúncias está tão mal concebido e desprovido de garantias que sobre os interesses da empresa prevalecem quer os interesses quer o direito ao respeito pela vida privada dos seus trabalhadores – em especial dos que podem ser vítimas de denúncias falsas apresentadas apenas com o objetivo de obter ganhos financeiros. Outro problema que se coloca neste caso é o facto de o sistema ser gerido internamente e não de forma independente, a par da falta de formação e de orientações sobre a utilização do sistema.

O Exemplo 16 apresenta um cenário onde uma empresa de serviços financeiros decide estabelecer um sistema interno de denúncias, com o objetivo de detectar e prevenir práticas de furto e corrupção entre seus funcionários. Para incentivar os trabalhadores a utilizarem esse sistema, a empresa oferece recompensas monetárias sem fazer muitas perguntas quando as denúncias levam à detecção de condutas impróprias e à recuperação de fundos.

É importante notar que a empresa possui, de fato, um interesse legítimo em proteger seus ativos e evitar práticas ilegais em seu ambiente de trabalho, o que inclui a detecção de furtos e corrupção. No entanto, o exemplo ilustra várias falhas no desenho e na implementação desse sistema de denúncias que prejudicam a proteção de dados pessoais e a privacidade dos trabalhadores.

Aqui estão as principais questões identificadas no exemplo:

Falta de procedimentos coerentes: o sistema de denúncias não possui procedimentos claros e coerentes para lidar com as denúncias. Isso pode resultar em tratamento desigual e injusto dos trabalhadores e das denúncias apresentadas.

Recompensas financeiras sem critérios: a empresa oferece recompensas monetárias aos trabalhadores cujas denúncias levam à detecção de condutas impróprias, sem estabelecer critérios ou fazer perguntas sobre a veracidade das denúncias. Isso pode incentivar denúncias falsas e prejudicar a reputação dos acusados.

Falta de independência na gestão: o sistema de denúncias é gerido internamente pela equipe de recursos humanos da empresa, em vez de ser administrado de forma independente. Isso cria um conflito de interesses, pois os gestores internos podem ter incentivos para proteger a empresa em vez de garantir a justiça e a imparcialidade no processo.

Ausência de formação e orientações: a empresa não oferece formação adequada aos trabalhadores sobre como utilizar o sistema de denúncias de forma ética e responsável, o que pode resultar em denúncias inadequadas ou maliciosas.

Em resumo, embora a empresa tenha um interesse legítimo em manter um ambiente de trabalho ético e livre de práticas ilegais, o sistema de denúncias apresentado no exemplo é mal concebido e desprovido de garantias adequadas. Isso prejudica tanto os interesses da empresa quanto os direitos à privacidade e ao respeito pela vida privada de seus trabalhadores. Para uma abordagem eficaz e equilibrada, é essencial que as empresas estabeleçam sistemas de denúncias transparentes, justos, independentes e bem regulamentados, que protejam tanto os interesses da organização quanto os direitos fundamentais de seus funcionários.

Exemplo 17: **Controles biométricos**: Num laboratório de investigação um laboratório de investigação científica que trabalha com vírus mortais utiliza um sistema biométrico para controlar os acessos devido ao elevado risco para a saúde pública no caso de esses vírus saírem das instalações. São aplicadas garantias adequadas, incluindo o facto de os dados biométricos serem armazenados nos cartões pessoais dos trabalhadores e não num sistema centralizado. Ainda que se trate de dados sensíveis, em sentido *lato*, o motivo do seu tratamento é de interesse público. Por essa razão, bem como pelo facto de os riscos de utilização abusiva serem reduzidos devido à utilização adequada de garantias, o art. 7º, alínea f), constitui uma base jurídica adequada para o tratamento.

No exemplo citado, o processo de teste de ponderação do legítimo interesse foi aplicado de forma adequada, considerando as seguintes razões:

Elevado risco para a saúde pública: o processamento de dados pessoais, neste caso, envolve um laboratório com vírus mortais, o que representa um risco significativo para a saúde pública caso esses vírus saiam das instalações. Esse alto risco à saúde pública é um elemento fundamental que justifica o interesse legítimo da empresa em controlar estritamente o acesso às instalações.

Necessidade do tratamento: o teste de ponderação identificou a necessidade do tratamento de dados, uma vez que o risco ao direito fundamental à vida é muito mais elevado do que o risco de invasão à privacidade dos trabalhadores. Além disso, não foi identificado outro meio menos invasivo para atingir o mesmo objetivo.

Garantias adequadas: para garantir a proteção dos direitos dos trabalhadores, foram aplicadas garantias adequadas, como o armazenamento dos dados biométricos em cartões pessoais dos próprios trabalhadores, em vez de um sistema centralizado. Essa medida contribui para uma maior segurança dos dados e reduz o risco de uso indevido.

Interesse público: o motivo do tratamento dos dados é de interesse público, já que está relacionado à proteção da saúde pública. Isso fortalece a justificação para o processamento de dados sensíveis.

Baixo risco no tratamento: além do interesse público, o risco de utilização abusiva dos dados é considerado baixo, o que significa que as informações são processadas de forma responsável e não representam uma ameaça significativa à privacidade dos trabalhadores.

Portanto, neste exemplo, o teste de ponderação concluiu que o interesse legítimo da empresa em proteger a saúde pública e evitar riscos à vida supera os potenciais impactos na privacidade dos trabalhadores. Medidas adequadas foram implementadas para garantir a segurança e a transparência no tratamento dos dados, tornando-o legítimo à luz das regulamentações de proteção de dados, como a LGPD e ao GDPR.

Exemplo 18: Câmaras ocultas para identificar visitantes e trabalhadores fumantes: Uma empresa utiliza câmaras ocultas para identificar trabalhadores e visitantes que fumem em zonas do edifício onde não é permitido fumar. Ainda que o responsável pelo tratamento tenha um interesse legítimo em garantir o cumprimento das normas que proíbem as pessoas de fumar, os meios utilizados para atingir esse objetivo são – de uma forma geral – desproporcionados e desnecessariamente intrusivos. Existem métodos menos intrusivos e mais transparentes (tal como detectores de fumo e sinais de proibição visíveis). Assim, o tratamento não cumpre o disposto no artigo 6º, que dispõe que os dados pessoais devem ser (não excessivos) relativamente às finalidades para as quais são recolhidos ou para as quais são tratados posteriormente. Ao mesmo tempo, provavelmente não preencherá os requisitos do teste da ponderação previsto no art. 7º.

Nesse exemplo, uma empresa utiliza câmeras ocultas para identificar trabalhadores e visitantes que desrespeitem a proibição de fumar em zonas específicas do edifício. Embora o objetivo de garantir o cumprimento das normas de não fumar seja legítimo, os meios utilizados para alcançar esse objetivo são, em geral, desproporcionados e desnecessariamente intrusivos.

Aqui estão as principais questões identificadas neste exemplo:

Desproporcionalidade dos meios: o uso de câmeras ocultas para monitorar e identificar infratores é considerado desproporcional. Existem métodos menos invasivos e mais transparentes, como a instalação de detectores de fumaça e sinais de proibição visíveis, que podem ser eficazes para alcançar o mesmo objetivo sem a necessidade de monitoramento constante por câmeras.

Excesso de dados pessoais: o tratamento de dados pessoais por meio das câmeras ocultas é excessivo em relação às finalidades para as quais são recolhidos. A coleta de imagens e informações sobre os trabalhadores e visitantes que desrespeitam a proibição de fumar não é justificada pela natureza da infração.

Não conformidade com o art.igo 6°: o tratamento não está em conformidade com o art.igo 6º, que estabelece que os dados pessoais devem ser adequados, relevantes e não excessivos em relação às finalidades para as quais são recolhidos ou tratados posteriormente.

Portanto, neste caso, o teste de ponderação conclui que o interesse legítimo da empresa em garantir o cumprimento das regras de não fumar não justifica o uso desproporcional e invasivo de câmeras ocultas. Existem alternativas menos intrusivas que podem ser adotadas para atingir o mesmo objetivo. O tratamento de dados pessoais por meio das câmeras ocultas não cumpre os princípios de proteção de dados, conforme estabelecido na legislação, como a Diretiva 95/46/CE, o GDPR e regulamentos semelhantes.

Conforme estabelecido na legislação da União Europeia. É fundamental que as empresas considerem cuidadosamente as bases legais para o tratamento de dados pessoais, como o consentimento dos titulares ou a existência de um interesse legítimo, e que realizem uma análise rigorosa para garantir que os princípios de proteção de dados sejam plenamente observados em todas as etapas do processo de tratamento de dados.

Capítulo 5

PRINCÍPIOS APLICÁVEIS ÀS RELAÇÕES DE TRABALHO

Figura 8 – Princípios Aplicáveis às Relações de Trabalho.

Fonte: Do autor, 2021

Após explorarmos as bases legais para o tratamento de dados pessoais, é fundamental adentrarmos na análise detalhada dos princípios de proteção de dados.

Vamos agora abordar esses princípios, os quais são fundamentais para garantir que o tratamento de dados pessoais seja realizado de forma ética, legal e respeitosa em relação aos direitos dos titulares. Antes de explorarmos os princípios, é essencial compreender a importância de informar os empregados sobre como seus dados serão tratados e assegurar a transparência em todos os processos.

A boa-fé, a finalidade e a necessidade do tratamento são princípios basilares da Lei Geral de Proteção de Dados (LGPD) que devem guiar todas as práticas das empresas.

Independentemente da base legal que fundamenta o tratamento, é fundamental que os titulares estejam cientes de como seus dados serão utilizados. Isso permite que tomem decisões informadas sobre seus dados pessoais e tenham o direito de acesso, garantindo a qualidade, correção, precisão e atualização das informações.

A LGPD estabelece que, se uma empresa coletar dados para uma finalidade específica e posteriormente decidir reutilizá-los para outra finalidade, é obrigatório comunicar o titular sobre essa nova finalidade. Essa transparência e a compatibilidade do tratamento em relação à finalidade original e ao contexto são aspectos cruciais para a conformidade com a lei.

Outro ponto fundamental é que os tratamentos de dados devem ser estritamente necessários para cada finalidade, bem como justificados. Não é permitido o tratamento de dados desnecessários, uma vez que isso pode resultar em riscos e prejuízos aos titulares.

As empresas devem sempre buscar a minimização e o tratamento de dados apenas quando estritamente necessários, garantindo a adequação ao princípio da necessidade. Não se deve coletar dados em excesso, pois isso pode expor a empresa a falhas de segurança e incidentes.

É importante ressaltar que o tratamento de dados pessoais não pode ser excessivo, independentemente da base legal escolhida. Mesmo em casos de legítimo interesse, execução de contratos ou consentimento, a coleta de dados excessivos é proibida.

Além disso, a segurança da informação deve ser garantida desde o momento da coleta. As empresas devem adotar medidas para mitigar riscos tanto em ambientes físicos quanto digitais. Incidentes, como o vazamento de currículos e outros documentos físicos, podem resultar em sérias consequências, incluindo sanções e indenizações. Portanto, a segurança é um princípio indispensável, juntamente com os demais mencionados anteriormente.

O primeiro trinômio composto pelos princípios da finalidade, adequação e necessidade representa o alicerce fundamental da LGPD. Contudo, esses princípios não atuam isoladamente; eles devem ser vistos como parte integrante de um conjunto mais amplo de princípios de proteção de dados. Além do trinômio, existem outros sete princípios igualmente importantes, tais como transparência, prevenção e segurança, que estão incorporados no art. 6º da LGPD.

Portanto, a empresa deve garantir simultaneamente a conformidade com todos os dez princípios estabelecidos na LGPD: finalidade, adequação, necessidade, livre acesso, qualidade de dados, transparência, segurança, prevenção, não discriminação e responsabilidade e prestação de contas.

Art. 6º[(26)] As atividades de tratamento de dados pessoais deverão observar a boa-fé e os seguintes princípios:

> I – Finalidade: realização do tratamento para propósitos legítimos, específicos, explícitos e informados ao titular, sem possibilidade de tratamento posterior de forma incompatível com essas finalidades;

---

(26) BRASIL. Lei n. 13.709/2018. Lei Geral de Proteção de Dados Pessoais (LGPD). Disponível em: http://www.planalto.gov.br/ccivil_03/_ato2015-2018/2018/lei/L13709.htm . Acesso em: 03 mar. 2021.

II - Adequação: compatibilidade do tratamento com as finalidades informadas ao titular, de acordo com o contexto do tratamento;

III - necessidade: limitação do tratamento ao mínimo necessário para a realização de suas finalidades, com abrangência dos dados pertinentes, proporcionais e não excessivos em relação às finalidades do tratamento de dados;

IV - Livre acesso: garantia, aos titulares, de consulta facilitada e gratuita sobre a forma e a duração do tratamento, bem como sobre a integralidade de seus dados pessoais;

V - Qualidade dos dados: garantia, aos titulares, de exatidão, clareza, relevância e atualização dos dados, de acordo com a necessidade e para o cumprimento da finalidade de seu tratamento;

VI - Transparência: garantia, aos titulares, de informações claras, precisas e facilmente acessíveis sobre a realização do tratamento e os respectivos agentes de tratamento, observados os segredos comercial e industrial;

VII - Segurança: utilização de medidas técnicas e administrativas aptas a proteger os dados pessoais de acessos não autorizados e de situações acidentais ou ilícitas de destruição, perda, alteração, comunicação ou difusão;

VIII - Prevenção: adoção de medidas para prevenir a ocorrência de danos em virtude do tratamento de dados pessoais;

IX - Não discriminação: impossibilidade de realização do tratamento para fins discriminatórios ilícitos ou abusivos;

X - Responsabilização e prestação de contas: demonstração, pelo agente, da adoção de medidas eficazes e capazes de comprovar a observância e o cumprimento das normas de proteção de dados pessoais e, inclusive, da eficácia dessas medidas.

Esses princípios são a base para a implementação bem-sucedida de um programa de proteção de dados e para garantir que as práticas da empresa estejam alinhadas com os padrões legais e éticos estabelecidos pela LGPD. Agora que compreendemos os princípios, passaremos a explorar as fases de implementação e conformidade com a LGPD, como veremos no próximo capítulo.

Capítulo 6

PASSOS PARA ADEQUAÇÃO À LEI GERAL DE PROTEÇÃO DE DADOS – POR ONDE COMEÇAR?

A jornada de adequação à LGPD é um processo complexo e abrangente que vai além da simples revisão de contratos de empregados, parceiros e terceiros. Ela requer o comprometimento da alta gestão e de todos os envolvidos, incluindo colaboradores, parceiros e terceiros.

Uma das ferramentas fundamentais nesse processo é o mapeamento dos fluxos de dados, que envolve a identificação de todas as operações de tratamento de dados pessoais na organização. Além disso, é essencial analisar a legislação aplicável ao negócio, adequar todos os processos internos e externos da empresa (incluindo a criação de contratos e a inclusão de cláusulas de proteção de dados), desenvolver políticas de boas práticas, como códigos de conduta, e, principalmente, proporcionar treinamentos e implementar sistemas de monitoramento para acompanhar todo o processo.

É importante ressaltar que a conformidade com a LGPD não é um estado estático, mas sim um compromisso contínuo. Sempre surgirão novos fluxos de dados e novos tratamentos que precisarão ser avaliados e aprovados pelo comitê de privacidade ou pelo setor responsável da empresa. A conformidade deve ser um processo constante e dinâmico, adaptando-se às mudanças na organização e nas regulamentações.

Quanto à terminologia, é relevante esclarecer que as empresas não "implementam" a LGPD, mas sim se "adequam" a ela. Isso significa que elas devem cumprir os requisitos da legislação e adotar mecanismos de segurança, tanto no ambiente físico quanto no digital, por meio de *softwares* e outras medidas apropriadas, para proteger os dados pessoais conforme exigido pela LGPD. Portanto, o termo correto é "adequar à LGPD".

6.1. Fase 1 - Preparação para adequação do setor de recursos humanos

Antes de entrarmos nos detalhes da especificação de cada item do projeto no setor de RH, é essencial esclarecer alguns pontos que serão fundamentais para a condução eficaz do projeto. Primeiramente, é recomendável que você tenha uma compreensão abrangente da empresa como um todo, entendendo quais processos ela executa, uma vez que muitos deles têm interações com o setor de recursos humanos. Em segundo lugar, sugerimos uma reunião de alinhamento para que você possa se familiarizar com a equipe de RH responsável pela execução do projeto. Em terceiro lugar, a realização de uma apresentação de *kickoff* com a equipe é aconselhável para alinhar todos os elementos do projeto. Por último, é fundamental ajustar o cronograma do projeto, definindo as datas de início e término de cada atividade. Após essa explicação preliminar, podemos avançar para a especificação detalhada de cada fase de desenvolvimento do projeto.

6.1.1. Termo de Abertura de Projeto (Internamente)

O Termo de Abertura de Projeto (TAP) é um documento interno que formaliza o início de um projeto a ser conduzido dentro de uma organização. Este documento desempenha um papel fundamental, pois é nele que a organização registra e descreve de maneira formal e sucinta as atividades planejadas para cada fase do projeto. Além disso, o TAP serve como uma salvaguarda, prevenindo eventuais disputas entre o planejamento e a execução efetiva do projeto. Dessa forma, ele atua como um guia fundamental para o andamento e o sucesso do projeto, fornecendo uma base sólida para a gestão e avaliação de suas etapas.

O Guia PMBOK (2017) traz o conceito:[(27)]

> O termo de abertura do projeto é definido como o documento emitido pelo patrocinador do projeto que autoriza formalmente a sua existência e fornece ao gerente de projetos a autoridade para aplicar recursos organizacionais nas atividades do projeto. O plano de gerenciamento do projeto é definido como o documento que descreve como ele será executado, monitorado e controlado.

Em termo de projetos, geralmente a empresa reúne-se no ano anterior, com todos os setores para organização (gestores), para alinhar as demandas (projetos), que precisarão ser desenvolvidos no ano seguinte. Após este alinhamento, acontecerá a aprovação dos orçamentos dos projetos alinhados à estratégia da organização, bem como a lista de projetos por prioridade (*Master list* de projeto).

Antes de iniciar qualquer projeto, seja qual for a área, é recomendável elaborar um "termo de abertura de projeto" (TAP), pois dessa forma a empresa terá um direcionamento do que acontecerá durante toda a execução do projeto.

---

(27) Guia PMBOK: Um Guia para um Conjunto de Conhecimento em Gerenciamento de Projetos, sexta edições, Pensylvania, PMI, 2012.

Atualmente, existem diferentes metodologias ou guias de gerenciamento de projeto, com melhores práticas de gestão de projeto de forma tradicional ou com entregas ágeis, como: PMBOK do PMI ou o SCRUM.

O objetivo desse trabalho não é aprofundar em nenhuma técnica de gerenciamento de projeto, entretanto, é importante a aplicação de alguma técnica para executar o projeto de adequação/implementação da LGPD.

6.1.2. Formalização e divulgação do projeto

É aconselhável que o setor de recursos humanos, em parceria com o setor de marketing/comunicação, informe aos colaboradores sobre o processo de adequação à LGPD que a empresa está passando. A razão desse comunicado é proporcionar transparência aos titulares de dados, além de informar que a empresa está passando por uma fase de mudanças e que todos farão parte desse novo contexto. O setor de marketing pode criar materiais informativos, como folders, e distribuí-los por meio do e-mail corporativo, SharePoint, exposição em murais da empresa e durante reuniões de Diálogo Diário de Segurança (DDS). O essencial é garantir uma comunicação efetiva e aberta sobre o processo de adequação à LGPD.

6.1.3. Criação/formalização do Comitê/Comissão de Privacidade e Proteção de Dados Pessoais

Como já mencionado anteriormente, é fundamental alinhar, no início do projeto, os membros que integrarão o comitê/comissão de privacidade e proteção de dados. No contexto específico deste projeto de adequação no setor de recursos humanos, pode não ser viável criar um comitê/comissão exclusivamente com a equipe de RH, dada a abrangência da LGPD e a necessidade de envolver diferentes setores da empresa. O recomendável é que a empresa solicite um integrante de cada área da organização (gerência), como RH, jurídico, marketing, comercial, compras, ouvidoria, TI, segurança da informação, qualidade, processos, gestor de treinamentos, entre outros.

Entretanto, empresas menores talvez não tenham, em princípio, um profissional de cada área. Dessa forma, nomearão um representante para acompanhar toda a execução do projeto de proteção à privacidade dos dados pessoais. O trabalho e investimento será proporcional ao tamanho da empresa.

O comitê tem o dever de determinar os papéis e responsabilidades de cada integrante.

Esses integrantes, terão a incumbência de executar ou direcionar para seus colaboradores a execução do plano de ação, o qual será desenvolvido conjuntamente com todos os integrantes do comitê.

Os integrantes do comitê deverão assinar um termo de nomeação, de confidencialidade e responsabilidade pela execução do projeto, visto que estão tratando dados extremante confidenciais da organização, bem como entendendo e desenvolvendo projetos em diversas áreas da empresa.

Esse comitê, reunir-se-á, regularmente, para verificar a evolução do projeto, ou seja, qualquer imprevisto e este comitê deverá ser avisado. Nessas reuniões, será necessária a elaboração de uma ata com a evolução de cada área, com a coleta de assinatura de cada representante.

Lembrando que o comitê deverá ter acesso e guarda de todas as documentações criadas ao longo do projeto.

É importante que seja elaborado um regulamento interno contendo as atribuições e responsabilidades dos integrantes do Comitê de Privacidade e Proteção de Dados.

O comitê deverá tratar diretamente com a alta gestão da empresa.

6.1.3.1. Nomeação do encarregado de proteção de dados pessoais (DPO)

O encarregado de proteção de dados pessoais (DPO) é de extrema importância nesse processo de adequação/implementação da LGPD, pois ele será o elo de comunicação com os titulares, recebendo solicitações e reclamações, assim como se comunicará diretamente com a Autoridade Nacional de Proteção de Dados sempre que solicitado.

Esse profissional ainda deverá orientar os funcionários e os contratados da empresa a respeito das práticas a serem tomadas em relação à proteção de dados pessoais, além de executar as demais atribuições determinadas pelo controlador ou estabelecidas em normas complementares.

As atribuições do encarregado de dados estão elencadas no art. 41, §§ 2º e 3º, da LGPD, quais sejam:

Art. 41. O controlador deverá indicar encarregado pelo tratamento de dados pessoais.

> (...)
>
> § 2º As atividades do encarregado consistem em:
>
> I - aceitar reclamações e comunicações dos titulares, prestar esclarecimentos e adotar providências;
>
> II - receber comunicações da autoridade nacional e adotar providências;

> III - orientar os funcionários e os contratados da entidade a respeito das práticas a serem tomadas em relação à proteção de dados pessoais; e
>
> IV - executar as demais atribuições determinadas pelo controlador ou estabelecidas em normas complementares.
>
> § 3º A autoridade nacional poderá estabelecer normas complementares sobre a definição e as atribuições do encarregado, inclusive hipóteses de dispensa da necessidade de sua indicação, conforme a natureza e o porte da entidade ou o volume de operações de tratamento de dados.

Atualmente, todas as empresas necessitam de um encarregado (DPO), entretanto, a Autoridade Nacional de Proteção de Dados Pessoais (ANPD) "poderá estabelecer normas complementares sobre a definição e as atribuições do encarregado, inclusive hipóteses de dispensa da necessidade de sua indicação, conforme a natureza e o porte da entidade ou o volume de operações de tratamento de dados", conforme art. 41, § 3º, da LGPD.[28]

De acordo com a Resolução n. 2 da ANPD, os agentes de tratamento de pequeno porte não são obrigados a indicar o encarregado pelo tratamento de dados pessoais, como exigido pelo art. 41 da LGPD (Lei Geral de Proteção de Dados).

No entanto, é importante destacar a relevância da figura do encarregado de proteção de dados pessoais (DPO) em todo o processo de adequação/implementação da LGPD.

Portanto, a nomeação de um DPO é uma medida importante para a conformidade com a LGPD e deve ser considerada

---

(28) BRASIL. Lei n. 13.709/2018. Lei Geral de Proteção de Dados Pessoais (LGPD). Disponível em: <http://www.planalto.gov.br/ccivil_03/_ato2015-2018/2018/lei/L13709.htm>. Acesso em: 3 mar. 2021.

pelas empresas como uma prática de boas práticas e governança em relação à proteção de dados pessoais.

6.1.3.1.1. Procedimento Operacional Padrão - POP

Procedimento/Protocolo Operacional Padrão (POP) é um documento que descreve as etapas específicas que devem ser seguidas para realizar uma tarefa ou processo de maneira consistente e padronizada. Diante disso, faz-se necessária a elaboração de uma POP para colocar em prática o art. 18, da LGPD, que trata dos direitos dos titulares dos dados pessoais. Para que esse artigo seja aplicado, será necessária a criação de um departamento ou pessoa, para acompanhar todas as solicitações do titular dos dados (*software* ou manual), que serão dirigidas ao encarregado nomeado. Em empresas de pequeno ou médio porte, geralmente, o próprio setor responderá às solicitações do titular dos dados, mas em empresas de grande porte, já terão setores responsáveis por atender e acompanhar as solicitações dos titulares de dados.

É recomendável que seja criado relatório de como será este processo, e o setor jurídico deverá assessorar na resposta aos titulares dos dados (plano de solicitações, reclamações e retificação).

O setor de segurança deverá desenvolver um plano de monitoramento e acompanhamento contínuo dos riscos encontrados no setor de RH. É recomendável que o encarregado/DPO tenha acesso a esse plano de monitoramento e acompanhamento contínuo, pois em caso de algum vazamento ele já estará ciente de todos os processos.

A organização deverá adotar o *Privacy by Design e Privacy by Default*, garantindo segurança da informação em todos os processos e em todo ciclo de vida dos dados. A Norma ISO

27701:2019, nos itens 7.4 e 8.4[29], trata desses dois princípios, cujo objetivo é "assegurar que os processos e sistemas sejam projetados de tal forma que a coleta e o tratamento (incluindo o uso, divulgação, retenção, transmissão e descarte) sejam limitados ao que é necessário para o propósito identificado".

6.1.4. Treinamento para o DPO e workshop para os colaboradores

Figura 9 - Treinamento

Fonte: Imagem de treinamento empresarial[30]

Os treinamentos são INDISPENSÁVEIS para explicar e fomentar a cultura de privacidade e proteção de dados na empresa.

---

(29) ABNT (ASSOCIAÇÃO BRASILEIRA DE NORMAS TÉCNICAS). NBR ISO/IEC 27701:2019. Técnicas de segurança — Sistema de gestão de Segurança da Informação – Requisitos.

(30) Esta imagem está disponível na internet em diversos sites sem nomeação da verdadeira fonte criadora. Esta, foi retirada do site: < https://careisthere.com/lead--the-way-with-vpas>. Acesso em: 27 mar. 2021.

É fundamental que, antes de iniciar o mapeamento dos dados, seja realizado um treinamento específico para a pessoa que desempenhará a função de DPO. É extremamente importante que essa pessoa tenha conhecimento dos pontos principais da LGPD, visto que, como já mencionado no tópico anterior, o DPO é o elo de comunicação entre a empresa, o titular e a ANPD.

Após ou paralelo ao treinamento para o DPO, é de extrema importância realizar um workshop abrangendo todos os membros da empresa, ou seja, todos os colaboradores, gestores e demais interessados. É fundamental que esses participantes compreendam conceitos básicos da LGPD, assim como obtenham uma visão geral sobre privacidade e proteção de dados. Todos devem estar alinhados com a visão da empresa, compreendendo que a abordagem sobre o tema não diz respeito apenas à empresa, mas é uma responsabilidade de todos que lidam com dados pessoais.

Após a conclusão dos treinamentos iniciais (DPO e workshop), é recomendável que a empresa desenvolva um planejamento de treinamentos contínuos em privacidade e proteção de dados. A frequência desses treinamentos pode variar de mensal a anual, dependendo do tipo de tratamento de dados realizado pela empresa. A constante reciclagem de colaboradores, gestores e outros envolvidos no tratamento de dados pessoais é de extrema importância.

Para a elaboração desse planejamento de treinamento, a empresa pode escolher entre diversas opções, como minicursos, palestras, treinamentos com jogos, workshops, seminários presenciais ou on-line, de acordo com o porte da organização. Além disso, a empresa pode criar vídeos interativos e institucionais, folhetos ilustrativos, boletins por e-mail e até mesmo elaborar uma cartilha para os funcionários, parceiros e terceiros. Essas iniciativas têm como objetivo conscientizar a todos sobre a importância da proteção dos dados pessoais dos titulares.

Para concluir o tópico de treinamento, é fundamental registrar o evento por meio de certificados ou até mesmo uma lista de presença dos participantes. Além disso, a entrega de um e-book ou cartilha sobre privacidade e proteção de dados é fundamental. Esses documentos auxiliarão os colaboradores a obter uma compreensão mais ampla sobre o tema.

6.2. Fase 2 – *Data mapping* e plano de ação e orçamento

6.2.1. Entrevista e mapeamento dos dados

Esta é uma das fases mais críticas no projeto de adequação e implementação da LGPD, uma vez que será o momento de realizar o mapeamento de todos os processos executados pelo setor de RH. Ou seja, é o momento de compreender como eles coletam dados antes do processo de recrutamento e seleção, entender a forma como tratam os dados durante a execução do contrato de trabalho e compreender como o setor de RH lida com a fase de término do contrato e pós-exclusão dos dados pessoais/sensíveis dos colaboradores desligados.

Para iniciar o mapeamento dos dados, o representante do RH designado pelo Comitê de Proteção de Dados Pessoais (se houver) tem a responsabilidade de nomear os pontos focais que serão responsáveis por cada processo. Como o setor de RH engloba diversos processos, é comum que as empresas designem pessoas específicas para cada atividade ou processo. Portanto, é fundamental a realização de entrevistas para compreender e para avaliar o nível de maturidade do departamento em relação à proteção de dados pessoais.

Para realizar esse mapeamento de forma eficaz, é aconselhável utilizar um sistema especializado em LGPD (*software*) ou criar uma planilha de Excel específica contendo perguntas alinhadas com as exigências da LGPD. Essas perguntas podem abranger tópicos como: responsável pelo preenchimento da planilha (nome, e-mail e departamento); macroprocesso; tratamento de dados pessoais/sensíveis e sua finalidade; duração do tratamento; descarte; dados de crianças e adolescentes; compartilhamento de dados interno e externo; detalhes sobre o titular dos dados; armazenamento de dados; segurança da informação (medidas técnicas e administrativas); transferência internacional; decisão automatizada; registro de gravação de vídeos e imagens (CFTV); anonimização e pseudonimização. Estes são apenas exemplos de alguns pontos que devem constar no mapeamento de dados.

É importante destacar que o *data mapping* consiste na compilação de todos os passos, ou seja, das informações coletadas ao longo dos processos.

A título de exemplo, segue um modelo de planilha de mapeamento de dados.

Tabela 2 – Modelo de planilha de mapeamento de dados

RESPONSÁVEL PELO PREENCHIMENTO (Nome, departamento e e-mail)	MACRO PROCESSO (processo executado no setor, detalhamento do processo)	TRATAMENTO – DADOS PESSOAIS/SENSÍVEIS FINALIDADE (Quais são dos dados pessoais/sensíveis; sua finalidade)	DURAÇÃO DO TRATAMENTO (Qual o prazo de guarda)	DESCARTE (Quais são os meios de descarte)
Maria; RH (Recrutamento); maria@xxx.com.br	Processo Seletivo (Currículo de Candidato). A empresa efetua a coleta de currículos por meio do site/e-mail.	Nome, idade, e-mail, telefone, endereço, escolaridade, histórico escolar, dados profissionais e demais dados envolvendo cursos e treinamento. A finalidade desta etapa é identificar e selecionar candidatos aptos a participar do processo seletivo para vagas na empresa.	O prazo de guarda e de xxx dias/meses/ano.	A empresa descarta os currículos em lixo comum; ela utilização a incineração; ela tem fragmentadora; ela contrata empresa terceira para realizar o descarte; a empresa nunca descarta os currículos e deixa guardado na pasta de currículos no setor de RH.

Fonte: Do autor, 2024

Ao preencher/alimentar a planilha de mapeamento, o setor será capaz de diagnosticar os riscos aos quais a empresa/setor estará sujeita, classificando-os como pequenos, moderados ou graves.

Após a realização das entrevistas e preenchimento do mapeamento com os pontos focais do setor, segue a segunda parte do mapeamento, que consiste em associar as bases legais, identificar lacunas, avaliar os riscos e fazer recomendações em termos de privacidade, proteção de dados e segurança da informação.

Tabela 3 – Modelo de planilha de mapeamento de dados – Apontamento

BASE LEGAL	LACUNAS	RISCOS	RECOMENDAÇÕES
Arts. 7º e 11º da LGPD, bem como outras legislações que contemplam o processo.	Inexistência de prazo de descarte dos dados; coleta excessiva; descarte inadequado.	Pequeno; Moderado; Grave.	Implementar tabela de temporalidade de dados (legislação); Implementar processo de minimização de dados; Utilizar medidas técnicas adequadas para aplicar o descarte.

Fonte: Do autor, 2024

É importante destacar que a tabela acima é apenas um pequeno exemplo. Ao final deste documento (anexo), será apresentado um modelo completo de mapeamento de dados pessoais.

6.2.1.1. Matriz de risco

Como mencionado anteriormente, é fundamental demonstrar para o setor quais são os riscos de cada processo realizado. Para isso, é essencial criar uma matriz de risco que abranja privacidade, proteção de dados e segurança da informação.

Para saber o nível dos riscos, é preciso realizar uma avaliação de risco, e nesse sentido, a Norma ISO/IEC 27005:2019[31], fornece diretrizes para a gestão de riscos de segurança da informação em uma organização.

O mapeamento/inventário dos dados pessoais é muito mais do que preencher planilhas ou alimentar um sistema, é um processo de "caça às bruxas", o qual deverá ser muito bem detalhado, para nos passos seguintes a empresa/setor conseguir implementar todas as medidas técnicas e administrativas.

A matriz de análise de risco abaixo é meramente ilustrativa. A organização deverá desenvolver sua metodologia de acordo com a necessidade, bem como seguindo as Normas ISO, que tratam de risco.

No anexo, será apresentada, a título de exemplo, uma matriz de risco mais abrangente. No entanto, é fundamental que a matriz de risco contemple privacidade, proteção de dados e segurança da informação.

---

(31) ABNT (ASSOCIAÇÃO BRASILEIRA DE NORMAS TÉCNICAS). NBR ISO/IEC 27005:2019. Tecnologia da Informação – Técnica de Segurança – Gestão de Risco de Segurança da Informação.

Tabela 4 - Matriz de análise de risco

MATRIZ DE RISCO						
IMPACTO		Desprezível	Pequeno	Moderado	Grave	Critico
Probabilidade		%	%	%	%	%
Muito baixa	%					
Baixa	%					
Média	%					
Alta	%					
Muito alta	%					

6.2.3. Plano de ação

A formulação do plano de ação representa um momento de grande importância, pois é por meio dele que o departamento de recursos humanos, em nosso caso, implementará todas as recomendações derivadas do mapeamento após identificar as lacunas no processo.

Para criar o plano de ação, várias ferramentas de gestão de projetos podem ser empregadas. No entanto, sugiro a utilização da ferramenta 5W2H. Vale ressaltar que outras ferramentas de mercado também podem ser adotadas conforme a preferência da equipe.

Tabela 5 - Plano de ação

PLANO DE AÇÃO - 5W2H						
5W					2H	
O QUE? (what?)	POR QUE? (why?)	ONDE? (Where?)	QUEM? (who?)	QUANDO? (When?)	COMO? (How?)	QUANTO CUSTOS? (how Much?)

Fonte: Do autor, 2024

Segundo Maeshall Junior Isnard (2010, p. 114, 115), esta ferramenta[32] é utilizada principalmente no mapeamento e padronização de processos, na elaboração de planos de ação e no estabelecimento de procedimento associados a indicadores. É de cunho basicamente gerencial e busca o fácil entendimento por meio da definição de responsabilidade, métodos, prazos, objetivos e recursos associados.

Após a elaboração/criação do plano de ação, o encarregado designado pela comissão de proteção de dados irá apresentar à alta direção o plano contendo as medidas que serão implementadas no setor para garantir a conformidade com a LGPD e a segurança da informação.

(32) Esta figura foi retirada do livro: Maeshall Junior Isnard. Gestão de qualidade / Isnard Maeshall Junior... [et al.] – 10. Ed. – Rio de Janeiro: Editora FGV 2010. 204 p. (Gestão empresarial (FGV Management).

Validado o plano de ação, o responsável, deverá colher da alta direção, por meio de um termo de aceite, seu aval para todos os processos. Caso não tenha o aceite total da alta direção, o gestor do projeto, deverá registrar em ata de reunião, para se precaver de quaisquer ações futuras pela não aplicação de alguma técnica fundamental para mitigar o risco.

É bom relatar que a alta direção deverá ter ciência da importância da privacidade e proteção dos dados pessoais para seu negócio. Esta deverá entender que a privacidade deverá estar pautada dentro da "missão, visão e valor" da empresa.

Por fim, a título de sugestão, é interessante que a empresa realize um "*benchmarking*" com outras empresas do mesmo seguimento, cuja finalidade é sempre buscar as melhores práticas por meio de comparativo, para ter nivelamento da aplicação das melhores técnicas de privacidade, proteção de dados e segurança da informação.

6.3. Fase 3 – Adequação de processos

Este será um momento de extrema atenção e dedicação, pois procederemos com a implementação dos elementos identificados no mapeamento e no plano de ação elaborados nas fases anteriores. Isso envolverá a aplicação dos controles necessários, garantindo a implementação de níveis adequados de segurança e controles de privacidade específicos para diferentes categorias de dados pessoais.

Adequar os processos na empresa/setor de RH é um dos princípios basilares da LGPD, ou seja, coletar o mínimo necessário para qualquer operação, seja no processo de seleção, na contratação ou no desligamento, já que o objetivo é coletar e tratar apenas os dados exigidos pela legislação e os estritamente necessários.

Nas seções a seguir, abordaremos os principais documentos que o departamento de recursos humanos deverá criar inicialmente no processo de conformidade com a LGPD. É importante notar que outros processos podem surgir no setor, já que cada empresa tem suas próprias práticas e métodos de execução de tarefas. Portanto, é fundamental observar todos os elementos identificados no mapeamento para elaborar os documentos necessários, visando resguardar o setor em termos de medidas administrativas.

Quanto às medidas, é relevante destacar que a conformidade não se limita apenas ao aspecto jurídico. A aplicação de medidas técnicas é igualmente fundamental e necessária, pois uma medida está interligada a outra para proporcionar segurança abrangente.

6.3.1. Gestão de terceiros. *Due diligence* com terceiros em proteção de dados. Gestão de riscos

Figura 10 - Gestão de terceiros - *Due diligence* - Gestão de riscos

Fonte: Do autor, 2021

Como garantir que as normas estão sendo seguidas pelos terceiros para os quais a empresa responsável transfere dados e não ter surpresas com passivos causados pelas empresas com quem nos relacionamos? É aqui que entra a *due diligence*, ou uma auditoria com terceiros.

As empresas precisaram realizar uma análise de risco com seus terceiros/fornecedores para verificar a conformidade (*compliance*) desses, incluindo a LGPD.

A ONU, por meio de seus princípios orientadores, exige uma *due diligence* em direitos humanos com terceiros para serem sempre eliminados preventivamente quaisquer riscos de impactos que possam vir a ser causados de forma direta ou indireta aos direitos humanos pelas empresas, incluindo-se aqui a LGPD, já que esta tem como fundamento a proteção à privacidade e outros direitos e liberdades fundamentais de titulares pessoais naturais.

Os terceiros precisarão atestar que estão seguindo todos os padrões exigidos pela LGPD.

O controlador espera com essa auditoria a melhora na gestão de seus riscos e consequentemente estar em *compliance* constantemente.

Segundo Hintzbergen *et al.* (2018)(33), "gerenciar o risco é o processo de planejar, organizar, conduzir e controlar as atividades de uma organização, visando minimizar os efeitos do risco sobre o capital e o lucro de uma organização"; "[...] gerenciamento do risco é um processo contínuo que se aplica a todos os aspectos do processo operacionais".

---

(33) HINTZBERGEN, J. et al. Fundamento de Segurança da Informação. Rio de Janeiro: Editora Van Haren Publishing, 2010, 2015.

Em uma mudança de cultura organizacional, como demanda a adequação à LGPD, quando falamos em gestão de terceiros, é um ponto de extrema importância, no qual a empresa deverá voltar no mapeamento de dados pessoais, para saber quais dados são compartilhados e quais medidas as empresas terceirizadas estão tomando para evitar qualquer vazamento de dados do controlador. Hoje estar em *compliance* é mudar a forma de pensar de cima para baixo, ou seja, da alta gestão até o chão de fábrica, além de adequar-se às normas.

E trazendo essa nova mudança de cultura para a prática na adequação/implementação da LGPD, devemos observar o mapeamento de dados pessoais, e saber com quem os dados pessoais estão sendo compartilhados, qual a finalidade específica desse compartilhamento, quais as medidas que estão sendo tomadas no momento do compartilhamento e, principalmente, saber se as empresas terceirizadas (contabilidades, planos de saúde, planos odontológicos, empresas de tickets alimentação, vale-transporte, uniformes, escolas, *gym*, entre outros), estão adotando as medidas técnicas e administrativas para evitar qualquer uso ilegítimo dos dados pessoais do titular.

É nesse ponto que o controlador deverá reunir-se com os terceiros e exigir um efetivo *compliance* com a LGPD para assim, continuarem com a prestação dos serviços pautada na segurança da informação e respeitando os princípios e os direitos dos titulares dos dados.

O controlador não deverá assumir o risco por si só, ele deverá registrar se ele é desprezível, pequeno, moderado, grave ou crítico, conforme matriz de risco mencionada acima. O tratamento compartilhado com risco para a organização poderá criar um risco novo para o processo.

A empresa controladora e gestora dos dados deverá tomar alguns cuidados como a criação de políticas para transferência de dados pessoais com os terceiros, acordo de confidencialidade e não divulgação (Norma ABNT NBR ISO 27002:2013), aplicação de controles/ferramentas no momento do envio/tráfego dos dados e, o mais importante, o dever de supervisionar e monitorar as atividades com os dados dos quais é responsável.

6.4. Fase 4 – Documental (cláusulas, aditivos, contratos, termos, políticas, ROPA, RIPD)

6.4.1. Cláusulas, aditivos, contratos e termos

Neste estágio, dar-se-á início à elaboração de cláusulas, aditivos, contratos e termos específicos que delineiam obrigações e responsabilidades, tanto para colaboradores quanto para terceiros. Este é o momento em que a empresa ajusta os contratos dos colaboradores, sejam novos ou atuais, de acordo com o ciclo de vida dos dados. Isso inclui a definição da maneira como a empresa coleta, trata, compartilha, armazena, transfere e elimina os dados pessoais dos colaboradores durante todas as fases, desde antes da contratação até após o desligamento.

Esta fase está totalmente ligada ao princípio da transparência dos dados pessoais, na qual, o setor de RH deverá garantir aos titulares dos dados informações claras, precisas e facilmente acessíveis sobre a realização do tratamento dos dados pessoais.

6.4.2. Políticas (Interna e Externa)

As políticas desempenham um papel fundamental nos procedimentos empresariais. No contexto de recursos humanos, é imperativo que a empresa ou setor elabore uma política interna de privacidade. Essa política proporcionará total transparência sobre o ciclo de vida dos dados pessoais para os colaboradores. É o momento em que a empresa deve apresentar conceitos fundamentais de privacidade, proteção de dados e segurança da informação. Além disso, a empresa deve informar como coleta, compartilha, armazena dados, se realiza transferências internacionais, processa exclusões, as medidas de segurança e de como os colaboradores podem exercer seus direitos conforme o art. 18 da LGPD.

É aconselhável que a política inclua menções às possíveis penalidades por descumprimento, abrangendo outras políticas elaboradas por diferentes setores, como a política de segurança da informação, que trata de questões como e-mails, senhas, permissões, entre outros.

No que diz respeito às políticas, é essencial que o setor de recursos humanos colabore com o DPO ou outros setores na elaboração do aviso de privacidade a ser publicado no site da empresa. Esse aviso deve detalhar como a empresa coleta e trata os dados de candidatos a vagas, colaboradores e seus dependentes (maiores ou menores), abrangendo todo o ciclo de vida desses dados.

No final do livro (anexos), apresentaremos um modelo potencial de política de privacidade interna para que vocês possam implementar. No entanto, é fundamental que a política seja desenvolvida de acordo com a realidade específica da empresa ou setor. O uso de políticas genéricas não é aconselhável.

6.4.3. Registro das Operações de Tratamento - ROPA

O art. 37 da LGPD[34] aduz que o controlador e o operador deverão manter o Registro das Operações de Dados Pessoais.

(34) BRASIL. Lei n. 13.709/2018. Lei Geral de Proteção de Dados Pessoais (LGPD). Disponível em: <http://www.planalto.gov.br/ccivil_03/_ato2015-2018/2018/lei/L13709.htm>. Acesso em: 03 mar. 2021.

Já o art. 40 dispõe sobre o tempo de guarda dos registros das operações.

> Art. 37. O controlador e o operador devem manter registro das operações de tratamento de dados pessoais que realizarem, especialmente quando baseado no legítimo interesse.
>
> (...)
>
> Art. 40. A autoridade nacional poderá dispor sobre padrões de interoperabilidade para fins de portabilidade, livre acesso aos dados e segurança, assim como sobre o tempo de guarda dos registros, tendo em vista especialmente a necessidade e a transparência.[35]

A LGPD não determinou o conteúdo mínimo que deverá constar de seu registro de operações (ROPA), entretanto, diferentemente da LGPD, o GDPR, em seu art. 30, já determina quais informações que deverão constar no registro das atividades de tratamento.

> 1. Cada responsável pelo tratamento e, sendo caso disso, o seu representante conserva um registo de todas as atividades de tratamento sob a sua responsabilidade. Desse registo constam todas seguintes informações:
>
> a. O nome e os contatos do responsável pelo tratamento e, sendo caso disso, de qualquer responsável conjunto pelo tratamento, do representante do responsável pelo tratamento e do encarregado da proteção de dados;
>
> b. As finalidades do tratamento dos dados;
>
> c. A descrição das categorias de titulares de dados e das categorias de dados pessoais;

---

(35) BRASIL. Lei n. 13.709/2018. Lei Geral de Proteção de Dados Pessoais (LGPD). Disponível em: <http://www.planalto.gov.br/ccivil_03/_ato2015-2018/2018/lei/L13709.htm>. Acesso em: 3 mar. 2021.

d. As categorias de destinatários a quem os dados pessoais foram ou serão divulgados, incluindo os destinatários estabelecidos em países terceiros ou organizações internacionais;

e. Se for aplicável, as transferências de dados pessoais para países terceiros ou organizações internacionais, incluindo a identificação desses países terceiros ou organizações internacionais e, no caso das transferências referidas no art. 49, n. 1, segundo parágrafo, a documentação que comprove a existência das garantias adequadas;

f. Se possível, os prazos previstos para o apagamento das diferentes categorias de dados;

g. Se possível, uma descrição geral das medidas técnicas e organizativas no domínio da segurança referidas no art. 32, n. 1.(36)

As informações para elaboração do ROPA, na legislação brasileira, poderão ser encontradas em diversos artigos como o art. 9º, incisos I ao V; art. 48, § 1º, incisos I e II; arts. 7º (base legal) e 14º (Tratamento de dados de criança e adolescente); capítulo V (Transferência Internacional de dados); art. 6º, inciso X.(37)

---

(36) GDPR EUROPA. Regulamento (UE) 2016/679 do Parlamento Europeu e do Conselho, de 27 de abril de 2016, relativo à proteção das pessoas singulares no que diz respeito ao tratamento de dados pessoais e à livre circulação desses dados e que revoga a Diretiva 95/46/CE (Regulamento Geral sobre a Proteção de Dados) (Texto relevante para efeitos do EEE). Disponível em: <https://eur-lex.europa.eu/legal-content/PT/ALL/?uri=celex:32016R0679>. Acesso em: 13 dez. 2020.

(37) BRASIL. Lei n. 13.709/2018. Lei Geral de Proteção de Dados Pessoais (LGPD). Disponível em: <http://www.planalto.gov.br/ccivil_03/_ato2015-2018/2018/lei/L13709.htm>. Acesso em: 3 mar. 2021.

Art. 6º As atividades de tratamento de dados pessoais deverão observar a boa-fé e os seguintes princípios:

(...)

X – responsabilização e prestação de contas: demonstração, pelo agente, da adoção de medidas eficazes e capazes de comprovar a observância e o cumprimento das normas de proteção de dados pessoais e, inclusive, da eficácia dessas medidas.

(...)

6.4.4. Relatório de Impacto à Proteção de Dados – RIPD

O Relatório de Impacto à Proteção de Dados Pessoais (RIPD) desempenha um papel de extrema importância no contexto do controlador, tendo como objetivo principal a minimização dos riscos que possam representar ameaças aos direitos fundamentais dos titulares, sejam eles identificáveis ou já identificados.

No âmbito da Lei Geral de Proteção de Dados (LGPD), mais especificamente no art. 5º, inciso XVII[38], encontramos a definição essencial do RIPD. Ele é caracterizado como uma documentação de responsabilidade do controlador, abrangendo a descrição pormenorizada dos processos de tratamento de dados pessoais que possam potencialmente acarretar riscos aos direitos fundamentais dos titulares. Além disso, esse documento engloba as medidas e salvaguardas que visam a atenuar esses riscos:

Art. 5º Para os fins desta Lei, considera-se:

XVII – relatório de impacto à proteção de dados pessoais: documentação do controlador que contém a descrição dos processos de tratamento de dados pessoais que podem gerar riscos às liberdades

(38) BRASIL. Lei n. 13.709/2018. Lei Geral de Proteção de Dados Pessoais (LGPD). Disponível em: <http://www.planalto.gov.br/ccivil_03/_ato2015-2018/2018/lei/L13709.htm>. Acesso em: 3 mar. 2021.

civis e aos direitos fundamentais, bem como medidas, salvaguardas e mecanismos de mitigação de risco;

O Relatório de Impacto à Proteção de Dados Pessoais (RIPD) é um documento essencial para o controlador, destinado a minimizar os riscos que possam prejudicar os direitos fundamentais dos titulares de dados identificados ou identificáveis, conforme definido na Lei Geral de Proteção de Dados (LGPD). Nesse relatório, são detalhados os processos de tratamento de dados pessoais que apresentam riscos, juntamente com as medidas e salvaguardas para mitigá-los.

A responsabilidade pela elaboração do RIPD recai sobre o controlador, conforme estabelecido na LGPD. Esse esforço colaborativo envolve diversos departamentos e profissionais, como o Encarregado de Proteção de Dados (DPO), o proprietário do processo, as áreas de *compliance*, segurança da informação, desenvolvedores de *software*, equipe jurídica e *C-level/stakeholders*.

> Art. 38. A autoridade nacional poderá determinar ao controlador que elabore relatório de impacto à proteção de dados pessoais, inclusive de dados sensíveis, referente a suas operações de tratamento de dados, nos termos de regulamento, observados os segredos comercial e industrial.
>
> Parágrafo único. Observado o disposto no *caput* deste artigo, o relatório deverá conter, no mínimo, a descrição dos tipos de dados coletados, a metodologia utilizada para a coleta e para a garantia da segurança das informações e a análise do controlador com relação a medidas, salvaguardas e mecanismos de mitigação de risco adotados.(39)

A LGPD também dispõe no art. 10, § 3º, da LGPD que: "a autoridade nacional poderá solicitar ao controlador

---

(39) BRASIL. Lei n. 13.709/2018. Lei Geral de Proteção de Dados Pessoais (LGPD). Disponível em: <http://www.planalto.gov.br/ccivil_03/_ato2015-2018/2018/lei/L13709.htm>. Acesso em: 3 mar. 2021.

relatório de impacto à proteção de dados pessoais, quando o tratamento tiver como fundamento seu interesse legítimo, observados os segredos comercial e industrial".[40]

A ANPD recomenda a elaboração do RIPD em contextos nos quais as operações de tratamento de dados pessoais possam apresentar riscos significativos para os princípios gerais de proteção de dados pessoais, as liberdades civis e direitos fundamentais dos titulares. Isso inclui situações envolvendo dados pessoais sensíveis, tratamento com base em interesse legítimo, operações do setor público e outras operações de tratamento que incluam dados sensíveis.

O RIPD deve ser elaborado antes do início do tratamento dos dados pessoais para a finalidade desejada. Essa antecipação permite a avaliação prévia dos riscos associados ao tratamento, incluindo a probabilidade de ocorrência e o impacto sobre os direitos dos titulares. Caso não seja possível elaborar o RIPD antes do tratamento, ele deve ser elaborado assim que for identificado um tratamento que possa gerar alto risco.

Na gestão de riscos para a elaboração do RIPD, devem ser considerados critérios e metodologias que permitam a identificação e análise dos fatores de risco associados ao tratamento dos dados pessoais. Isso inclui a descrição dos tipos de dados coletados ou tratados, a metodologia usada para o tratamento e garantia da segurança das informações, além da análise do controlador em relação às medidas, salvaguardas e mecanismos de mitigação de riscos adotados.

A divulgação pública do RIPD não é obrigatória, mas pode demonstrar o compromisso do controlador com a segurança dos dados pessoais. Para atender aos princípios de

---

(40) *Idem.*

livre acesso, transparência e responsabilização da LGPD, o controlador pode disponibilizar o RIPD em seus meios de fácil acesso aos titulares, especialmente em seus sites, de forma clara e adequada, respeitando os segredos comerciais e industriais.

O controlador pode elaborar um RIPD único para um conjunto de operações de tratamento que possuam a mesma finalidade, mas também pode optar por relatórios separados para tratamentos distintos. A decisão depende das características das operações de tratamento e da identificação de riscos específicos.

A avaliação de alto risco para elaboração do RIPD considera critérios gerais e específicos, como a escala do tratamento, o uso de tecnologias inovadoras, vigilância pública, decisões baseadas em tratamento automatizado de dados pessoais e o tratamento de dados pessoais sensíveis. No entanto, esses critérios não são exaustivos e cabe ao controlador avaliar as circunstâncias relevantes do caso concreto para identificar riscos e medidas adequadas.

Para determinar o que considerar como "alto risco" ao elaborar o RIPD, é fundamental adotar como parâmetro o conceito de tratamento de alto risco definido no art. 4º do Regulamento de Aplicação da LGPD para agentes de tratamento de pequeno porte, aprovado pela Resolução n. 2/2022 da ANPD e como orienta a ANPD.

De acordo com esse dispositivo, o tratamento será considerado de alto risco se, no caso concreto, estiverem presentes pelo menos um critério geral, como "larga escala" ou "afetar significativamente interesses e direitos fundamentais dos titulares", juntamente com um critério específico, tais como "uso de tecnologias emergentes ou inovadoras", "vigilância ou controle de zonas acessíveis ao público", "decisões tomadas unicamente com base em tratamento automatizado de dados pessoais" ou "utilização de dados pessoais sensíveis ou de dados pessoais de crianças, de adolescentes e de idosos".

Como exemplo prático, recomenda-se a elaboração do RIPD quando o tratamento de dados pessoais envolve um número significativo de titulares ("larga escala", critério geral) e dados pessoais sensíveis (critério específico). Outro cenário que justifica a elaboração do RIPD é quando uma decisão é tomada exclusivamente com base em tratamento automatizado de dados pessoais (critério específico) e essa decisão pode impactar significativamente os interesses e direitos dos titulares ("afetar significativamente interesses e direitos", critério geral).

É importante destacar que esses critérios não são exaustivos. Portanto, o controlador deve avaliar as circunstâncias específicas do caso concreto para identificar os riscos envolvidos e as medidas de prevenção e segurança adequadas. Isso está alinhado com o princípio da responsabilização e prestação de contas, no qual cabe ao controlador considerar os possíveis impactos às liberdades e direitos fundamentais dos titulares, bem como a probabilidade de sua ocorrência.

Além disso, em relação ao encaminhamento do RIPD para a ANPD, a LGPD não estabelece a obrigatoriedade geral desse envio. No entanto, a Autoridade Nacional de Proteção de Dados (ANPD) pode solicitar o relatório, documentos, dados e informações relevantes para a avaliação das atividades de tratamento de dados pessoais, como parte de suas atribuições fiscalizatórias e nas situações previstas na própria LGPD. O controlador deve cumprir essa solicitação quando feita pela ANPD, sob pena de medidas de fiscalização em caso de descumprimento.

Nas relações de trabalho temos uma relação desigual ou assimétrica. A *Guideline* da União Europeia, WP 248[41], traz uma relação de situações em que o alto risco é indicado para a necessidade de um AIPD, que equivale ao RIPD no Brasil. Dentro das hipóteses de alto risco temos as relações de emprego, nas quais o empregado é a parte vulnerável e hipossuficiente. A *Guideline* ainda traz dentro das hipóteses que é necessário um RIPD para os tratamentos automatizados (art. 20 da LGPD), dados de crianças e adolescentes (art. 14 da LGPD), novas tecnologias, tratamentos em grande escala e definição de perfil.

O Grupo de Trabalho do Artigo 29 elaborou o parecer mencionado no parágrafo anterior, o WP 248[42], com orientações relativas à avaliação de impacto sobre a proteção de dados (AIPD), que determinam se o tratamento é "suscetível de resultar num elevado risco" para efeitos do Regulamento (UE) 2016/679 e traz nove critérios de identificação de alto risco e necessidade de elaboração de um RIPD que poderão nos ajudar:

1. Avaliação ou classificação, incluindo definição de perfis e previsão, em especial de "aspetos relacionados com o desempenho profissional, a situação económica, saúde, preferências ou interesses pessoais, fiabilidade ou comportamento, localização ou deslocações do titular dos dados" (Considerandos 71 e 91). Os exemplos deste critério podem incluir: uma instituição financeira que faça um controlo seletivo

(41) GT29. WP248. Orientações relativas à Avaliação de Impacto sobre a Proteção de Dados (AIPD) e que determinam se o tratamento é "suscetível de resultar num elevado risco" para efeitos do Regulamento (UE) 2016/679. Adotadas em 4 de abril de 2017.

(42) *Idem.*

dos seus clientes a partir de uma base de dados de referências de crédito bancário ou a partir de uma base de dados de combate ao branqueamento de capitais e ao financiamento do terrorismo ou de combate à fraude; uma empresa de biotecnologia que ofereça testes genéticos diretamente aos seus clientes por forma a avaliar e prever riscos de doença ou para a saúde; ou uma empresa de desenvolva perfis comportamentais ou publicitários baseados na utilização ou navegação no seu sítio *web*.

2. Decisões automatizadas que produzam efeitos jurídicos ou afetem significativamente de modo similar: tratamento destinado à tomada de decisões sobre os titulares dos dados e que produza "efeitos jurídicos relativamente à pessoa singular" ou que "a afetem significativamente de forma similar" (art. 35º, n. 3, alínea *a*). Por exemplo, o tratamento pode implicar a exclusão ou a discriminação de titulares. O tratamento que produza poucos ou nenhuns efeitos relativamente aos titulares não satisfaz estes critérios específicos. Serão fornecidas mais informações sobre estas noções nas Orientações sobre Definição de Perfis que o Grupo de Trabalho do art. 29º apresentará futuramente.

3. Controle sistemático: tratamento utilizado para observar, monitorizar ou controlar os titulares dos dados, incluindo dados recolhidos por meio de redes, ou um "controle sistemático de zonas acessíveis ao público" (art. 35º, n. 3, alínea *c*). Esse tipo de controle é um critério porque os dados pessoais podem ser recolhidos em circunstâncias em que os titulares dos dados podem não estar cientes de quem está a recolher os seus dados e da forma como esses

dados serão utilizados. Adicionalmente, pode ser impossível para os titulares evitarem estar sujeitos a este tipo de tratamento em espaço(s) público(s) (ou zonas acessíveis ao público).

4. Dados sensíveis ou dados de natureza altamente pessoal: inclui categorias especiais de dados pessoais, tal como definido no art. 9º (por exemplo, informações acerca das opiniões políticas dos titulares), bem como dados pessoais relacionados com condenações penais e infrações, tal como definido no art. 10º. Um exemplo seria um hospital geral que mantenha registos médicos dos doentes ou um investigador privado que mantenha informações acerca dos autores das infrações. Para além destas disposições do RGPD, algumas categorias de dados podem ser consideradas como categorias que aumentam os possíveis riscos para os direitos e as liberdades dos titulares. Esses dados pessoais são considerados sensíveis (na acepção comum desse termo) porque estão associados a atividades privadas e familiares (tais como comunicações eletrônicas cuja confidencialidade deve ser protegida) ou porque afetam o exercício de um direito fundamental (tais como dados de localização cuja recolha põe em causa a liberdade de circulação) ou porque a sua violação implica claramente que a vida cotidiana do titular dos dados será gravemente afetada (tais como dados financeiros que possam ser utilizados numa fraude de pagamentos). A este respeito, pode ser relevante saber se os dados já foram tornados públicos pelo titular dos dados ou por terceiros. O fato de os dados pessoais já terem sido tornados públicos pode ser considerado um fator pertinente para avaliar se, possivelmente, os dados seriam ou não utilizados para determinados

fins. Esse critério pode também incluir dados como documentos pessoais, mensagens de correio eletrônico, diários, notas de dispositivos eletrônicos de leitura equipados com funções de introdução de notas, bem como informações muito pessoais incluídas em aplicações onde ficam registados eventos da vida dos titulares.

5. Dados tratados em grande escala: o RGPD não define o que constitui grande escala, contudo o Considerando 91 fornece alguma orientação. Em qualquer caso, o Grupo de Trabalho do Artigo 29º recomenda que os seguintes fatores, em especial, sejam considerados quando se determina se o tratamento é ou não efetuado em grande escala16: a. o número de titulares de dados envolvidos, quer por meio de um número específico quer por meio de uma percentagem da população pertinente; b. o volume de dados e/ ou a diversidade de dados diferentes a tratar.

6. Estabelecer correspondências ou combinar conjuntos de dados: por exemplo, com origem em duas ou mais operações de tratamento de dados realizadas com diferentes finalidades e/ou por diferentes responsáveis pelo tratamento de dados de tal forma que excedam as expectativas razoáveis do titular dos dados.

7. Dados relativos a titulares de dados vulneráveis (considerando o tratamento desse tipo de dados constitui um critério devido ao acentuado desequilíbrio de poder entre os titulares dos dados e o responsável pelo tratamento dos dados, significando isso que os titulares podem não ser capazes de consentir, ou opor-se, facilmente ao tratamento dos seus dados ou de exercer os seus direitos. Os

titulares de dados vulneráveis podem incluir crianças (estas podem ser consideradas incapazes de consentir ou opor-se consciente e criteriosamente ao tratamento dos seus dados), empregados, segmentos mais vulneráveis da população que necessitem de proteção especial (pessoas com doenças mentais, requerentes de asilo, idosos, doentes etc.) e todos os casos em que possa ser identificado um desequilíbrio na relação entre a posição do titular dos dados e o responsável pelo tratamento.

8. Utilização de soluções inovadoras ou aplicação de novas soluções tecnológicas ou organizacionais, tais como combinar a utilização da impressão digital e do reconhecimento facial para melhorar o controlo do acesso físico etc. O RGPD deixa claro (art. 35º, n. 1, e Considerandos 89 e 91) que a utilização de uma nova em "conformidade com o nível de conhecimentos tecnológicos alcançado" (Considerando 91), pode desencadear a necessidade de realização de uma AIPD. Isso acontece porque a utilização dessa tecnologia pode envolver novas formas de coleta e utilização de dados, possivelmente com elevado risco para os direitos e as liberdades dos titulares. Na verdade, as consequências pessoais e sociais da implantação de uma nova tecnologia podem ser desconhecidas. Uma AIPD ajudará o responsável pelo tratamento de dados a compreender e dar resposta a esses riscos. Por exemplo, algumas aplicações da "Internet das Coisas" podem ter um impacto significativo na vida quotidiana e na privacidade dos titulares e, como tal, exigem a realização de uma AIPD.

9. Quando o próprio tratamento impede os titulares dos dados "de exercer um direito ou de utilizar

um serviço ou um contrato" (art. 22º e Considerando 91). Estão incluídas operações de tratamento destinadas a autorizar, alterar ou recusar o acesso dos titulares dos dados a um serviço ou que esses celebrem um contrato. Um exemplo disso é quando um banco faz um controle seletivo dos seus clientes a partir de uma base de dados de referências de crédito bancário com vista a decidir se lhes concede ou não um empréstimo.[(43)]

6.4.4.1. Quem deverá elaborar o RIPD?

O RIPD é um documento do controlador, que poderá ser elaborado por uma pessoa indicada dentro da equipe envolvida na adequação à LGPD a qual irá conduzir a elaboração desse documento. Essa pessoa deverá ter conhecimento técnico para a realização dessa atribuição, contando com o apoio dos demais envolvidos do comitê ou com a equipe eleita para a adequação, além do auxílio do encarregado de proteção de dados ou DPO, o qual será o responsável pela aprovação e definirá as diretrizes e modelo para a elaboração do RIPD.

6.4.4.2. Quais informações devem constar no RIPD?

De acordo com a Secretaria do Governo Digital, a "Oficina Dirigida Relatório de Impacto à Proteção de Dados Pessoais - RIPD", o RIPD deverá conter:

---

(43) Importante ressaltar que em citações diretas de guias da União Europeia o português é o de Portugal, o que traz várias diferenças gramaticais e de grafia, o que se deve ao fato de que esses documentos, originalmente elaborados no contexto da União Europeia, frequentemente são traduzidos ou disponibilizados em várias línguas europeias, incluindo o português europeu. Portanto, ao citar diretamente essas fontes, é essencial manter a fidelidade à versão específica em português de Portugal, garantindo-se a precisão e a autenticidade na transmissão das informações conforme apresentadas nos documentos originais da União Europeia.

Tabela 6 - RIPD

1-IDENTIFICAÇÃO DOS AGENTES DE TRATAMENTO E DO ENCARREGADO	2- NECESSIDADE DE ELABORAR O RELATÓRIO
3-DESCRIÇÃO DO TRATAMENTO	4-PARTES INTERESSADAS CONSULTADAS
5-NECESSIDADE E PROPORCIONALIDADE	6-IDENTIFICAÇÃO E AVALIAÇÃO DE RISCOS
7-MEDIDAS PARA TRATAR OS RISCOS	8- APROVAÇÃO

Fonte: Guias operacionais para adequação à LGPD[44]

O modelo elaborado pela Secretaria do Governo Digital foi inspirado nas autoridades de proteção de dados europeias juntamente com a consulta na norma ABNT ISO/IEC 29134:2017.

6.4.5. Colocar em prática - Revisão de processos

Chegou o momento de reunir todas as documentações criadas ao longo do processo, como: atas de reuniões, relatório de ativos, mapas críticos, matriz de competências, RIPD, análise de risco, termos de nomeação, termo de consentimento, aditivos contratuais, avisos de privacidade, política interna de privacidade e todos os demais relatórios criados ao longo das fases.

Nessa etapa, todos os integrantes da comissão de proteção de dados irão observar se o setor de RH está seguindo o plano de ação e se ficou algo pendente que deverá ser executado o mais rápido possível.

---

(44) Guias Operacionais para adequação à LGPD. Gov.br, 2020. Disponível em: <https://www.gov.br/governodigital/pt-br/governanca-de-dados/guias-operacionais-para-adequacao-a-lgpd>. Acesso em: 23 mar. 2021.

Enfim, realmente será a fase mais exaustiva da adequação e implementação da privacidade de proteção aos dados pessoais, mas também será a fase na qual o setor já poderá demostrar para a ANPD e para os titulares que sua empresa ou setor está quase finalizando a adequação.

6.5. Fase 5 – Treinamento com todos os colaboradores – Difusão da cultura de privacidade, proteção de dados e segurança da informação

Nessa fase, já sabemos como está a cultura da empresa, a qual já vem sendo difundida desde a fase preliminar; quais setores processam dados pessoais e dados pessoais sensíveis; quais são os setores mais críticos e já temos toda a parte documental elaborada no decorrer da adequação/implementação.

Nessa ocasião, será realizado um novo treinamento com os colaboradores, já que os realizados nas fases anteriores tinham por objetivo informar aos titulares que a organização estava/está em processo de mudanças no que tange à privacidade dos dados pessoais, além de explicar conceitos básicos da LGPD, princípios, bem como qual a missão, visão e valores da empresa quanto ao tratamento dos dados pessoais.

Acontecerá nessa fase a continuação do plano de treinamento e comunicação para todos os envolvidos do processo, pois, dessa forma, o setor iniciará a disseminação da política de boas práticas, como mesa limpa, tela limpa, não coleta de dados desnecessários, entre outras importantes medidas de segurança da informação, em meios físicos e digitais.

Quando o treinamento for voltado à área trabalhista, especificamente sobre LGPD, envolverá não apenas RH, como jurídico trabalhista e poder-se-ão incluir os gestores, contabilidade, além de outros interessados em processos atinentes às relações de trabalho.

É recomendável que a empresa grave pequenos vídeos sobre as políticas e procedimentos adotados na organização, para os novos integrantes. Dessa forma, antes de ingressarem na empresa, já estarão cientes de todas as regras, normas e benefícios. Uma sugestão é uma avaliação após esses vídeos serem assistidos, para assegurar que os novos colaboradores, de fato, assistam e assimilem o conteúdo.

6.6. Fase 6 – Avaliação e melhorias contínuas

Chegamos à última fase, ou seja, o "pente-fino" de tudo que foi realizado até o presente momento.

Uma empresa de auditoria (terceiro alheio ao processo), realizará uma auditoria de conformidade, ou seja, checará se foram implementadas e adequadas todas as medidas técnicas e administrativas para mitigar os riscos de um possível vazamento de dados pessoais.

A empresa de auditoria emitirá um relatório de conformidade, ou não conformidade e caso venha a ser detectada alguma irregularidade a organização pedirá prazo para se adequar, e, consequentemente, uma nova auditoria deverá ser realizada.

A título de complemento, no que tange à auditoria e conformidade, a Norma ISO 27001:2013 descreve, no item 9.2[45], a visão da auditoria interna em termos de sistema de gestão da segurança da informação.

---

(45) ABNT (ASSOCIAÇÃO BRASILEIRA DE NORMAS TÉCNICAS). NBR ISO/IEC 27001:2013. Tecnologia da Informação – Técnica de Segurança – Sistema de gestão da segurança da informação – Requisitos.

A organização deve conduzir auditorias internas a intervalos planejados para promover informações sobre o quanto o sistema de gestão da segurança da informação:

1. Os próprios requisitos da organização para o seu sistema de gestão da segurança da informação;

2. Os requisitos dessa Norma;

Está efetivamente implementado e mantido. A organização deve:

a) planejar, estabelecer, implementar e manter um programa de auditoria, incluindo a frequência, métodos, responsabilidades, requisitos de planejamento e relatórios. Os programas de auditoria devem levar considerar a importância dos processos pertinentes e os resultados de auditorias anteriores;

b) definir os critérios e o escopo da auditoria, para cada auditoria;

c) selecionar auditores e conduzir auditorias que assegurem objetividade e imparcialidade do processo de auditoria;

d) assegurar que os resultados das auditorias são relatados para a direção pertinente;

e) reter a informação documentada como evidência dos programas da auditoria e dos resultados da auditoria.

Caso ocorra alguma mudança no decorrer do processo, deverá ser feita uma nova avaliação de risco e elaborado um novo RIPD, diferente do que já foi criado no decorrer do projeto.

Mesmo percorrendo todas as fases com muita atenção e aplicando todas as medidas técnicas e administrativas erros sempre poderão ocorrer e, por isso, o processo de adequação ou implementação será contínuo, ele não será finalizado aqui, é um ciclo e sempre será revisado e renovado de acordo com novos processos, fluxos e realidades na organização.

Por fim, as empresas e setores deverão monitorar cada processo, e principalmente SEMPRE treinar seus colaboradores, parceiros e terceiros em relação à privacidade e proteção de dados pessoais e sempre buscar o melhor da tecnologia em termos de segurança da informação e, se possível, obter a certificação da Norma ISO 27001:2013.[46]

---

(46) ABNT (ASSOCIAÇÃO BRASILEIRA DE NORMAS TÉCNICAS). NBR ISO/IEC 27001:2013. Tecnologia da Informação – Técnica de Segurança – Sistema de gestão da segurança da informação – Requisitos

Capítulo 7

SEGURANÇA EM RECURSOS HUMANOS

Finalizando as fases, iniciaremos a execução (**PRÁTICA**) do setor de recursos humanos.

Os dados pessoais dos colaboradores podem ser coletados em diversos cenários e momentos, como em um cadastro *on-line*, um formulário impresso, a entrega de um currículo por terceiros, *e-mails* e vários outros meios.

Sempre será mais prudente, para assegurar-se os 10 princípios da LGPD, tratando-se principalmente dos dados apenas necessários para a finalidade do processo seletivo, após um *checklist*, onde serão encontrados os dados necessários para a aptidão de cada vaga, a elaboração de um site com entrada para cada vaga, ou um formulário distinto por vaga. A empresa poderá ainda optar por um modelo de currículo com os dados necessários para cada vaga.

É nesse momento que as organizações devem tomar o maior cuidado, pois, coletar dados em excesso é assumir para si uma responsabilidade de guarda ou vazamento de dados pessoais, sem falar, no desrespeito ao princípio da necessidade/minimização dos dados.

Importante que exista segurança em meios físicos e digitais, devendo ser implementadas políticas pelas organizações, como da mesa limpa, políticas para uso de equipamentos móveis, como CD, DVD, pen drives, porta USB, entre outros.

Deverá ser considerada a restrição de acesso a documentos por quem deva realmente tratá-los, a existência de chaves e cadeados, além de inventário de bens.

7.1. Antes da contratação

Um dos maiores cuidados no processo seletivo é com a coleta dos dados pessoais. A empresa deverá apenas coletar os dados extremamente necessários e indispensáveis para a aptidão da vaga anunciada. As empresas deverão sempre realizar um *checklist*, antes de fazer a coleta dos dados no processo de seleção.

Existe uma tendência de empresas discriminarem o candidato, em decorrência de dados sensíveis, que já conceituamos, o que é uma grave desconformidade com a LGPD, incompatível também com o princípio da não discriminação, basilar da LGPD previsto no art. 6º, inciso IX.(47)

Já a discriminação positiva é possível e lícita porque estamos elevando grupos que costumam sofrer discriminação. Logo será possível fazer um processo seletivo para contratação de deficientes, ou reabilitados, para ser preenchida a quota, sendo inclusive a empresa multada se não o fizer.

Por exemplo, será possível um processo seletivo apenas para mulheres negras grávidas e para outros grupos que vêm sofrendo qualquer tipo de discriminação, já que aqui a discriminação é reversa e protege igualando exatamente àqueles que precisam dessa proteção.

---

(47) BRASIL. **Lei n. 13.709/2018.** Lei Geral de Proteção de Dados Pessoais (LGPD). Disponível em: <http://www.planalto.gov.br/ccivil_03/_ato2015-2018/2018/lei/L13709.htm>. Acesso em: 03 mar. 2021.

No contexto das operações cotidianas de uma empresa, é aconselhável que, antes de abrir uma vaga no mercado de trabalho, o departamento de recursos humanos elabore formulários específicos que delineiem quais informações pessoais são necessárias para a primeira análise. A sugestão é que esses formulários sejam criados de maneira específica para cada área ou função, levando em consideração que determinadas áreas podem requerer documentos distintos em comparação a outras.

Tomemos como exemplo a contratação de um motorista, onde a solicitação da Carteira Nacional de Habilitação (CNH) é essencial para comprovar a aptidão para a vaga. No entanto, para uma posição no caixa de uma empresa, a empresa não necessitaria solicitar a CNH. Essa abordagem personalizada nos formulários agiliza o processo de seleção, garantindo que apenas as informações pertinentes à função em questão sejam solicitadas, proporcionando eficiência e relevância no recrutamento.

Outro aspecto de grande relevância é que a empresa forneça total transparência ao titular dos dados (candidatos). Isso pode ser realizado por meio de um aviso de privacidade disponibilizado no site da empresa, nos formulários on-line destinados aos candidatos, ou mesmo por meio de cartazes, especialmente quando há o recebimento de currículos impressos. Esse aviso de privacidade é essencial para informar de maneira clara e acessível sobre como os dados pessoais dos candidatos serão coletados, usados, armazenados e protegidos durante o processo de seleção, contribuindo para uma prática de recrutamento transparente e ética.

Um aspecto de extrema importância nesta fase é abordar a gestão dos currículos dos potenciais candidatos. Caso a empresa tenha a intenção de coletar e armazenar os currículos por um determinado período, essa prática também deve ser claramente comunicada por meio do aviso de privacidade ou nos formulários utilizados. Em relação a esse período específico, é aconselhável que a empresa estabeleça uma política de retenção e descarte de dados ou um calendário de retenção.

Esse calendário deve indicar quais processos, neste caso, os currículos, estão sujeitos à guarda, a base legal da Lei Geral de Proteção de Dados (LGPD) que autoriza essa prática, o método apropriado para descarte e o prazo pelo qual os currículos serão armazenados. Essa abordagem proporciona clareza aos candidatos sobre como suas informações serão tratadas, promovendo uma conformidade transparente com as regulamentações de privacidade.

No caso das empresas que coletam dados por meio de formulários em seus próprios sites, é de suma importância adotar as melhores práticas de segurança para proteger as informações que, normalmente, são armazenadas diretamente no site.

7.2. Processo seletivo

Passada a fase de coleta dos currículos, entramos especificamente no processo de seleção, pois, na primeira fase, a empresa ainda não tinha selecionado os candidatos, ela estava apenas armazenando os currículos, ou dados necessários de candidatos, em sua base (física ou/e eletrônica).

Nesse ponto, faz-se necessário voltar ao mapeamento e saber quais dados são coletados e se realmente tem a necessidade de coletar todas as informações.

O ideal é fazer um *checklist* dos dados necessários para cada cargo da organização, devendo a empresa ter perguntas separadas por cargos/funções. Da mesma forma, em processos seletivos físicos o ideal é preparar fichas/formulário por vagas com os dados indispensáveis para aquela categoria, estritamente necessária sem envolver excessos ou aspectos discriminatórios. Dessa forma, a empresa estará em conformidade com o princípio da minimização dos dados, contido na LGPD e o da não discriminação.

No que tange ao princípio da minimização, a Norma ISO 29100:2020, também o aborda, "[...] a minimização dos dados minimiza estritamente o tratamento de dados pessoais",[(48)] ou seja, a empresa, deverá coletar apenas os dados **estritamente necessários para a finalidade determinada.**

Às vezes, por exceção, é possível coletar dados como idade, mas para proteção de candidatos e nunca para discriminá-los. Exemplo seria uma vaga em horário noturno, perigoso ou insalubre, no qual a Constituição Federal de 1988[(49)] proíbe o trabalho para os menores de 18 anos. Por outro lado, não seria possível solicitar idade só para contratar candidatos mais jovens, excluindo, assim, os idosos.

Outro ponto de extrema importância, no processo seletivo, é o armazenamento e exclusão dos dados coletados dos candidatos que não foram selecionados. Por esse motivo, as organizações devem coletar apenas os dados necessários para a finalidade do processo, para depois não ficar armazenando dados desnecessários ou tendo problemas com a exclusão desses dados. Inclusive, para guardar dados existe um custo para as empresas, já que essas precisam aplicar medidas técnicas e administrativas adequadas.

As empresas deverão tomar cuidado com a contratação de empresas terceirizadas para realizarem os processos de seleção. Elas precisarão realizar auditoria para saber se essas empresas terceirizadas estão seguindo todas as regras de

---

(48) ABNT (ASSOCIAÇÃO BRASILEIRA DE NORMAS TÉCNICAS). NBR ISO/IEC 29100:2020. Tecnologia da Informação – Técnica de Segurança – Estrutura de Privacidade.

(49) BRASIL. CONSTITUIÇÃO da República Federativa do Brasil, de 05.10.1988. Brasília, 1988. Disponível em: <http://www.planalto.gov.br/ccivil_03/constituicao/constituicao.htm>. Acesso em: 3 mar. 2021.

proteção com os dados pessoais dos candidatos. Também precisarão rever os seus contratos e adequá-los com as cláusulas pertinentes à segurança dos dados.

No que diz respeito às empresas terceirizadas responsáveis pelo processo de recrutamento e seleção, é fundamental assegurar que estejam em conformidade com a Lei Geral de Proteção de Dados (LGPD) e que adotem as melhores práticas de segurança da informação. Para avaliar o cumprimento dessas práticas, recomenda-se o envio de um checklist contendo perguntas relacionadas à privacidade, proteção de dados e segurança da informação.

Após o retorno do *checklist*, é viável realizar uma análise de risco e, consequentemente, solicitar à empresa terceirizada a apresentação de políticas, tais como política de segurança da informação, política de backup, plano de continuidade de negócios, entre outras relacionadas ao processo. Outro ponto fundamental é determinar em qual papel essa empresa terceirizada se enquadra, se ela atua como controladora dos dados ou apenas como operadora. Essa distinção é fundamental para a elaboração do contrato entre as empresas envolvidas.

Outro ponto de extrema importância ao lidar com empresas terceirizadas é a maneira como os dados serão compartilhados. Seja por meio de plataformas on-line, e-mails, documentos físicos ou WhatsApp, é fundamental aplicar medidas técnicas e administrativas apropriadas para garantir a segurança dos dados em cada canal de transmissão.

É importante "assegurar que funcionários e partes externas entendam as suas responsabilidades e estejam em conformidade com os papéis para os quais eles foram selecionados" (Tabela A.1, da Norma ABNT NBR ISO 27001:2013).[50]

(50) ABNT (ASSOCIAÇÃO BRASILEIRA DE NORMAS TÉCNICAS). NBR ISO/IEC 27001:2013. Tecnologia da Informação – Técnica de Segurança – Sistema de gestão da segurança da informação – Requisitos.

Segundo a mesma ISO, "as obrigações contratuais com funcionários e partes externas deverão declarar a sua responsabilidade e a da organização para a segurança da informação", ou seja, a organização deverá ter o apoio em suas políticas de informação, criando termos de confidencialidade para as partes envolvidas (NDA - *Non-Disclosure-Agreements*).

7.3. Durante a execução do contrato de trabalho

Existe uma intensa volumetria de dados durante o contrato de trabalho, envolvendo vários fluxos de dados pessoais de trabalhadores.

Durante a execução do contrato de trabalho tratam-se dados relacionados à jornada de trabalho, valor do salário, faltas dos empregados, afastamentos, atestados de saúde de doenças, acidentes de trabalho (os quais envolvem dados sensíveis), entre outros.

A empresa deverá justificar sempre a base legal desses tratamentos, que, muitas vezes, é necessário para a finalidade da execução precisamente do contrato e na maioria das ocasiões estará respaldada por uma norma que exige esse tratamento.

Devido a essa intensa volumetria, as empresas deverão estar sempre aplicando medidas técnicas e administrativas, incluindo uma sólida segurança da informação para preservar os dados pessoais dos trabalhadores, principalmente quando existe a transferência de informações dos titulares dos dados dentro da organização, ou com quaisquer entidades externas. Nesse ponto, a Norma ISO 27001:2013[51] traz

---

(51) ABNT (ASSOCIAÇÃO BRASILEIRA DE NORMAS TÉCNICAS). NBR ISO/IEC 27001:2013. Tecnologia da Informação – Técnica de Segurança – Sistema de gestão da segurança da informação – Requisitos.

alguns controles que a organização deverá seguir, como: políticas, procedimentos, controles, acordos de confidencialidade e de não divulgação (NDA)..

No que tange ao compartilhamento de dados com terceiros, as empresas devem ficar sempre atentas e adotar medidas mais específicas de controle dos dados e, se necessário, elaborar um RIPD/ DPIA, bem como relatórios de auditoria de adequação e conformidade, conforme já explanado no tópico anterior.

Durante a contratação, a mesma Norma ABNT NBR ISO 27001:2013, traz na Tabela A.1, o objetivo, que é "assegurar que os funcionários e partes externas estejam conscientes e cumprindo as suas responsabilidades pela segurança da informação".

As empresas deverão colocar, em suas políticas internas, as responsabilidades da direção, dos colaboradores, a questão de conscientização, educação e treinamentos de termos de segurança, e em caso de descumprimento pelos trabalhadores deverão ser aplicadas sanções disciplinares, com base nas políticas internas da empresa, incluídos aqui os códigos de conduta e os regulamentos empresariais.

Quando falamos em segurança da informação, as empresas deverão aplicar as Normas ISO, que tratam do assunto, como exemplo: ABNT NBR ISO/ IEC 27701:2019(52). Técnicas de segurança – Extensão da ABNT NBR ISO/ IEC 27001 e ABNT NBR ISO/ IEC 27002 para gestão da privacidade da informação – Requisitos e diretrizes. É bom lembrar, que cada empresa deve se ater às normas de seu

(52) ABNT (ASSOCIAÇÃO BRASILEIRA DE NORMAS TÉCNICAS). NBR ISO/IEC 27701:2019. Técnicas de segurança — Extensão da ABNT NBR ISO/IEC 27001 e ABNT NBR ISO/IEC 27002 para gestão da privacidade da informação — Requisitos e diretrizes.

segmento. ABNT NBR ISO/IEC 29100: 2020[53] que fornece estruturas de alto nível de proteção de dados pessoais.

7.3.1. Cláusulas contratuais

Na elaboração de um capítulo sobre cláusulas importantes de contratos de trabalho com foco na proteção e no tratamento de dados pessoais sob a Lei Geral de Proteção de Dados (LGPD), é essencial esclarecer detalhadamente as obrigações e direitos tanto dos empregadores quanto dos empregados. Este capítulo deve não só detalhar as responsabilidades legais e práticas mas também abordar questões como ação regressiva para garantir que todos os envolvidos estejam plenamente informados e conscientes de suas responsabilidades.

Sugestões para desenvolvimento de cláusulas que podem ser ajustadas conforme a realidade do controlador:

Obrigações de Confidencialidade e Segurança de Dados

Durante a vigência do contrato de trabalho, os empregados terão acesso a dados pessoais e sensíveis de clientes e colegas, necessários para o desempenho de suas funções. Portanto, é imperativo que os empregados se comprometam a:

Manter estrita confidencialidade dos dados acessados, conforme exige a LGPD.

Assinar um Termo de Confidencialidade (Non-Disclosure Agreement - NDA) e participar ativamente nos treinamentos oferecidos pela empresa, visando garantir a correta manipulação dos dados pessoais.

---

(53) ABNT (ASSOCIAÇÃO BRASILEIRA DE NORMAS TÉCNICAS). NBR ISO/IEC 29100:2020. Tecnologia da Informação – Técnica de Segurança – Estrutura de Privacidade.

Seguir as políticas de privacidade da empresa meticulosamente, as quais fornecem diretrizes claras para o adequado processo de tratamento de dados pessoais.

Proteção e Tratamento dos Dados Pessoais do Empregado

A empresa também reconhece que os empregados são titulares de seus próprios dados pessoais, que devem ser tratados com o máximo cuidado e de acordo com a LGPD. A empresa se compromete a:

Coletar e tratar apenas os dados estritamente necessários para as finalidades especificadas, sempre respeitando os princípios da LGPD e os direitos dos titulares.

Implementar medidas de segurança robustas, sejam administrativas, técnicas ou físicas, para proteger os dados pessoais dos empregados.

Acesso à Política de Privacidade

A política de privacidade da empresa explica detalhadamente o tratamento dos dados pessoais e deve ser facilmente acessível a todos os empregados por meio de um QR Code ou pela intranet da empresa. É vital que todos os empregados compreendam esta política antes de iniciar suas funções para assegurar que estão cientes de suas obrigações e direitos.

Cláusula de Ação Regressiva

Em caso de descumprimento das obrigações estipuladas, especialmente as que violam as políticas de segurança de dados, a empresa reserva-se o direito de empreender ações regressivas contra o empregado. Isso pode incluir a responsabilidade por danos causados à empresa ou a terceiros devido ao tratamento inadequado dos dados pessoais.

Destaque-se que é importante ainda manter registros detalhados das atividades de treinamento e do cumprimento das políticas como prova em disputas legais potenciais.

Este capítulo é fundamental para garantir que a empresa e seus empregados estejam em conformidade com as práticas de proteção de dados, reduzindo riscos e promovendo um ambiente de trabalho seguro e transparente quanto ao uso de informações pessoais e sensíveis. São os empregados que por falta de orientação ou compromisso muitas vezes causam violações de dados.

7.4. Canal de denúncia

No contexto da Lei Geral de Proteção de Dados (LGPD), a implementação de um canal de denúncias eficaz é um componente essencial para a gestão de *compliance* nas organizações, especialmente nos departamentos de recursos humanos (RH). Esse canal serve para receber denúncias de assédio moral, sexual e outras formas de violência, mas também é uma ponte importante para que os colaboradores reportem violações, inclusive suspeitas de vazamentos de dados ou qualquer outra irregularidade relacionada à segurança da informação e proteção de dados pessoais.

A criação de um mecanismo transparente e seguro para a comunicação de incidentes não só fortalece a cultura de proteção de dados na empresa, mas também cumpre com as obrigações estabelecidas pela LGPD. É recomendável que as organizações incorporem diretrizes claras sobre como proceder em casos de detecção de incidentes de segurança em seus códigos de conduta ou políticas internas específicas para a LGPD.

A empresa ainda deve ter um canal de contato do DPO onde podem ser reportadas denúncias de proteção de dados e um específico para eventuais violações de dados.

Além disso, é essencial que sejam definidas as responsabilidades dos funcionários em caso de identificação de possíveis falhas de segurança, bem como as consequências para aqueles que, estando cientes de tais incidentes, optem por não os comunicar. Estas medidas devem ser comunicadas de forma clara e acessível a todos os colaboradores, incentivando uma postura proativa na prevenção e no gerenciamento de riscos associados ao tratamento de dados pessoais.

Ao aprimorar a cultura corporativa para encorajar uma comunicação transparente e responsável sobre potenciais ameaças à privacidade, as organizações não somente atendem aos requisitos legais impostos pela LGPD, mas também fortalecem seu comprometimento com a proteção e a integridade dos dados pessoais sob sua administração. É essencial que todos os colaboradores se sintam responsáveis por reportar qualquer vazamento de dados ou suspeitas de tais incidentes. Essa responsabilidade deve ser claramente delineada no código de conduta da empresa, integrando um capítulo específico dedicado à LGPD e à segurança das informações, elucidando as consequências da omissão de comunicação em casos conhecidos de incidentes, vazamentos ou falhas de segurança.

No âmbito do programa de compliance, o canal de denúncias emerge como a ferramenta primordial para a detecção de fraudes e demais atividades ilícitas no contexto empresarial. É recomendável que a organização disponibilize múltiplos canais para o recebimento dessas denúncias, incluindo urnas físicas, aplicativos móveis, linhas telefônicas e plataformas on-line, garantindo assim acessibilidade e confidencialidade aos denunciantes. Esta abordagem multidimensional não apenas facilita a coleta de informações cruciais para a prevenção e o combate a ilícitos, mas também reforça a seriedade com a qual a empresa trata a segurança da informação e a proteção de dados.[54]

7.5. Ativos imobilizados

Neste tópico é importante mencionar a responsabilidade dos colaboradores, gestores, parceiros e terceiros em termos dos ativos imobilizados da organização. As empresas devem dispor em suas políticas quais normas devem ser seguidas pelos colaboradores, aplicando medidas técnicas para segurança dos dados dos titulares, como bloqueio de porta USB, proibição de download, proibição de acesso de sites não relacionados com a atividade desempenhada, entre outras.

As empresas devem adotar medidas técnicas para assegurar os dados, como: criptografia, softwares de antivírus, VPN, políticas de senhas, autenticação de multifatores, controle de acesso, entre outros.

Outro ponto importantíssimo é o cuidado que as empresas deverão tomar nesse novo cenário que estamos vivendo de teletrabalho, cujo colaborador está com os equipamentos da empresa em sua residência. É essencial adotar medidas mais severas em termos de manuseio dos dados do titular, aplicando-se medidas técnicas apropriadas, como exemplo: bloqueio de portas USB, dos notebooks, bloqueio de acesso a sites não pertinentes ao negócio, bloqueio de qualquer tipo de atualização, bloqueio para baixar qualquer programa não autorizado pela empresa, políticas de home office entre outros.

---

(54) CARLOTO, Selma. Compliance Trabalhista. 2. ed. São Paulo: LTr, 2020.

Aplicando na prática a gestão de ativos, é essencial que o setor de recursos humanos, em colaboração com o setor de tecnologia da informação/segurança da informação (TI/SI), desenvolva processos para documentar todos os ativos existentes dentro do departamento de RH. Nesse contexto, é fundamental criar procedimentos claros para a entrega e devolução de equipamentos aos colaboradores e gestores, tais como notebooks, celulares, tablets, computadores, pen drives, certificados digitais, e outros dispositivos que eventualmente o colaborador tenha acesso durante o seu período de emprego na empresa. Esses termos proporcionam uma gestão eficaz dos ativos, garantindo a responsabilidade e a transparência no uso desses recursos.

7.6. Encerramento ou Término do Tratamento dos dados pessoais

O tratamento deverá ser concluído, com a consequente eliminação de dados quando atingida a finalidade ou alcançado o tempo informado, nos termos do art. 15, da LGPD[(55)], para o qual deveremos ter uma agenda de retenção.

Se o tratamento for com base no consentimento, o pedido de revogação será hipótese de término de tratamento, assim como quando determinado pela Autoridade Nacional de Proteção de Dados.

O art. 16 traz ainda as hipóteses em que os dados poderão ser tratados após o término inicial de tratamento, que seria o caso por exemplo de guarda de documentos e outros

(55) BRASIL. **Lei n. 13.709, de 14 de agosto de 2018**. Lei Geral de Proteção de Dados Pessoais (LGPD). Diário Oficial da União, Brasília, DF. 14 de agosto de 2018. Disponível em: <http://www.planalto.gov.br/ccivil_03/_ato2015-2018/2018/lei/L13709.htm>. Acesso em: mar. 2021.

dados pessoais e sensíveis pelo período da prescrição para assegurar uma obrigação legal ou regulatória.

Conforme já explanado, a LGPD trata de dados em meios físicos e digitais. Quanto aos meios digitais, as organizações devem aplicar medidas técnicas para realização do descarte adequado dos dados pessoais, agora, quanto dados físicos (papeis), cujo volumes ainda são extensos, as organizações precisam redobrar os cuidados, não se arriscando a descartes de qualquer forma. Nesse caso, será necessário implementar políticas internas para o melhor descarte.

Exemplo de um bom descarte seria aà compra de equipamento portátil para reciclagem de papel, ou uma fragmentadora, ou ainda a contratação de empresas especializadas em descarte. No caso de empresa especializadas em descarte, devemos ter atenção, pois a empresa precisa ser especializada e fornecer certificado de descarte, o qual, a empresa responsável deverá guardar para se resguardar de eventuais problemas futuros.

É também importante observar que, quando necessário, os dados devem ser eliminados de todos os sistemas que os contém, inclusive sistemas de backup. Portanto, é vital que a empresa realize o mapeamento prévio de todos os processos pelos quais os dados serão tratados para que ela possa assegurar a completa eliminação dos dados, quando requerido.

No que tange aos dados armazenados por meio de uma implicação legal, as empresas devem aplicar medidas técnicas e administrativas para gerenciar o tempo determinado pela legislação, não havendo a necessidade de armazenar por período maior que o exigido. É recomendável implementação de sistema de alerta quanto aos prazos de guarda dos dados.

A Norma ABNT NBR ISO 27001:2013, na Tabela A.1, trata do encerramento e das mudanças da contratação, "proteger os interesses da organização como parte do processo de mudanças ou encerramento do contrato"(56), ou seja, a empresa deverá adotar medidas técnicas e administrativas para resguardar a privacidade dos dados após a saída de um colaborador, parceiro ou terceiros que tenham acesso aos dados pessoais.

Medidas deverão ser tomadas e descritas em políticas de segurança da informação, das quais todos deverão estar cientes no momento da contratação, como, por exemplo, controle de acesso para ex-empregados. Nesse ponto, as empresas "pecam", pois muitas delas não retiram o acesso dos colaboradores, parceiros ou terceiros, no momento do desligamento, e às vezes eles poderão acessar os sistemas e divulgar informações extremante confidenciais, gerando um vazamento de dados e consequente aplicação de sanções e multas para a organização.

Portanto, é aconselhável que a empresa estabeleça processos documentados para a gestão do desligamento de colaboradores em relação às permissões de acesso. No momento da comunicação do desligamento, a empresa deve revogar imediatamente todo e qualquer acesso do ex-colaborador, a menos que esteja cumprindo aviso prévio. Nesse caso, o departamento de TI deve analisar os acessos do colaborador para determinar se é necessário manter todos os privilégios durante o período de aviso prévio. Essa abordagem é fundamental, pois, em muitas situações, colaboradores cumprindo aviso prévio ainda possuem poder de decisão em determinados processos, o que pode ter impactos negativos na

---

(56) ABNT (ASSOCIAÇÃO BRASILEIRA DE NORMAS TÉCNICAS). NBR ISO/IEC 27001: 2013. Tecnologia da Informação – Técnica de Segurança – Sistema de Gestão da Segurança da Informação – Requisitos.

segurança da empresa. Portanto, gerenciar cuidadosamente os acessos durante o processo de desligamento contribui para preservar a segurança da organização.

7.7. Prazos de Guarda de Documentos Trabalhistas

Tabela 7 - Prazos de Guarda de Documentos Trabalhistas

DOCUMENTO	PRAZO	LEGISLAÇÃO
Contrato de trabalho	Indeterminado	
Livro ou ficha de registro do empregado	Indeterminado	
Livro de Inspeção do Trabalho	Indeterminado	
Livros de atas da CIPA (Comissão Interna de Prevenção de Acidentes)	Indeterminado	
Comprovante de exercício da atividade remunerada dos segurados e contribuintes individuais	Indeterminado	
Recibo de pagamento de salário, de férias, de 13º salário, recibo de entrega de requerimento do seguro-desemprego, controle de ponto, vale transporte, entre outros	5 anos, limitado a 2, após a extinção do contrato de trabalho.	art. 7º, XXIX, CF
Contratos com terceiros	5 anos após a cessação da prestação do serviço.	art. 7º, XXIX, CF e Art. 5º-A da Lei n. 6019/1974
Termo de rescisão do contrato de trabalho	2 anos	art. 7º, XXIX, CF

Comprovante de pagamento, salário educação, PIS/PASEP	05 anos. (era de 10 anos)	O Decreto n. 3.048/1999, foi alterado pelo Decreto n. 10.410, de 2020, fazendo referência ao artigo art. 348, do mesmo decreto, passando o prazo a cinco anos. "O direito da seguridade social de apurar e constituir seus créditos extingue-se no prazo de **cinco anos**, contado".
FGTS - Fundo de Garantia do Tempo de Serviço	05 anos (era de 30 anos)	Súmula 362 TST art. 23-A, § 3º. da Lei n. 8036/1990 com redação dada pela Lei n. 13.932/2019-novo prazo para efeitos de fiscalização.
Salário-educação - documentos relacionados ao benefício	5 anos	
GPS - Guia da Previdência Social	5 anos	Apesar dos art. 45 e 46 da Lei n. 8212/1991 estabelecerem o prazo de 10 anos, o STF declarou tais dispositivos inconstitucionais e editou a súmula vinculante n. 8: "São inconstitucionais, o parágrafo único do art. 5º do Decreto Lei n. 1569/1977 e os art. 45 e 46 da Lei n. 8212/1091, que tratam de prescrição e decadência de crédito tributário".

		art. 45, Lei n. 8.212/1991 c/c Súmula vinculante n. 8 STF O Decreto n. 10.410, de 2020, mudou esta redação e fez referência ao art. art. 348, do mesmo decreto, cujo prazo é "O direito da seguridade social de apurar e constituir seus créditos extingue-se no prazo de **cinco anos**, contado".
RAIS (eSOCIAL)	5 anos	Portaria n. 1127 de 14 de outubro de 2019
CAGED(eSocial)	05 anos	A Portaria 1.127, de 14 de outubro de 2019, da Secretaria Especial de Previdência e Trabalho determinou que a partir de 2020 as informações do CAGED devem ser realizadas por meio do Sistema de Escrituração Digital das Obrigações Fiscais, Previdenciárias e Trabalhistas - eSocial.
Os dados obtidos nos exames médicos, incluindo avaliação clínica e exames complementares, as conclusões e as medidas aplicadas registrados em prontuário clínico individual, de responsabilidade do médico-coordenador do PCMSO (Programa de Controle Médico de Saúde Ocupacional).	Período mínimo de 20 (vinte) anos após o desligamento do trabalhador.	NR 7, item 7.4.5.1.

Documentos relativos ao processo eleitoral da CIPA.	Período mínimo de 5 (cinco) anos.	NR 5, item 5.40.
Comprovante de entrega do Mapa de Avaliação Anual, contendo avaliação anual dos acidentes do trabalho, doenças ocupacionais e agentes de insalubridade, de responsabilidade da empresa obrigada a constituir Serviço Especializado em Engenharia de Segurança e em Medicina do Trabalho.	5 anos	NR 4, item 4.2
O registro de dados, estruturado de forma a constituir um histórico técnico administrativo do desempenho do Programa de Prevenção de Riscos Ambientais (PPRA). Perfil Profissiográfico Previdenciário - PPP; Programa de Controle Médico e Saúde Ocupacional - PCMSO e Programa de Prevenção de Riscos Ambientais -PPRA	20 anos	NR 9, item 9.3.8.2
Asbesto (amianto)	Os registros das avaliações deverão ser mantidos por um período não inferior a 30 anos.	NR 15 anexo XII, 11.1

CAT - Comunicação de Acidente do Trabalho.	5 anos	O Decreto n. 3.048/1999, foi alterado pelo Decreto n. 10.410, de 2020, fazendo referência
		ao art. 348, do mesmo decreto, passando o prazo a cinco anos. "O direito da seguridade social de apurar e constituir seus créditos extingue-se no prazo de **cinco anos**, contado".
DARF - Imposto de Renda Retido na Fonte.	Ação para a cobrança do crédito tributário prescreve em 5 anos.	Art. 174 do Cód. Trib. Nacional.

Fonte: Do autor, 2021

Em relação à obrigatoriedade de guarda dos documentos trabalhistas, insta salientar que o prazo é de cinco anos para trabalhadores urbanos e rurais, até o limite de dois anos, após à extinção do contrato de trabalho, nos termos do art. 7º, XXIX, da Constituição Federal.[57]

Entretanto, considerando que contra o menor de 18 anos não corre prazo prescricional, em atenção ao art. 440 da CLT[58], a contagem do prazo de guarda deve iniciar quando o trabalhador completar essa idade.

---

(57) CONSTITUIÇÃO da República Federativa do Brasil, de 05.10.1988. Brasília, 1988. Disponível em: < http://www.planalto.gov.br/ccivil_03/constituicao/constituicao.htm>. Acesso em: 3 mar. 2021.

(58) BRASIL. **Decreto-lei n. 5.452, de 1 de maio de 1943**. Aprova a consolidação das Leis do Trabalho. Diário Oficial da União, Brasília, DF. 09 de agosto de 1943. Disponível em: <http://www.planalto.gov.br/ccivil_03/decreto-lei/del5452.htm>. Acesso em: 8 mar. 2021.

É importante ressaltar que em relação ao contrato de trabalho, livro e registro de empregado, considerando que tais documentos são importantes para comprovação de tempo de serviço para fins de benefícios previdenciários (art. 603, CLT, e art. 19, Decreto n. 3048/1999[59]), recomenda-se sua guarda por prazo indeterminado.

Em relação aos contratos com terceiros, entre as importantes inovações implantadas pelas Leis n. 13.429/2017[60] e 13.467/2017[61] - conhecidas, respectivamente, como Lei da Terceirização e Lei da Reforma Trabalhista - merece destaque a previsão da responsabilidade subsidiária da contratante pelos créditos trabalhistas dos trabalhadores que laboram em seu benefício.

Portanto, na gestão de contratos com terceiros, recomenda-se a guarda dos contratos pelo prazo de cinco anos após a cessação da prestação de serviços pela empresa

---

(59) BRASIL. **DECRETO n. 3.048, DE 6 DE MAIO DE 1999.**Aprova o Regulamento da Previdência Social, e dá outras providências. Diário Oficial da União, Brasília, DF. 09 de agosto de 1943. Disponível em: <http://www.planalto.gov.br/ccivil_03/decreto/d3048.htm>. Acesso em: 23 mar. 2021.

(60) BRASIL. LEI N. 13.429, DE 31 DE MARÇO DE 2017. Altera dispositivos da Lei n. 6.019, de 3 de janeiro de 1974, que dispõe sobre o trabalho temporário nas empresas urbanas e dá outras providências; e dispõe sobre as relações de trabalho na empresa de prestação de serviços a terceiros. Diário Oficial da União, Brasília, DF. 31 de março de 2017. Disponível em: < http://www.planalto.gov.br/ccivil_03/_ato2015-2018/2017/lei/l13429.htm>. Acesso em: 23 mar. 2021.

(61) BRASIL. LEI n. 13.467, de 13 de julho de 2017. Altera a Consolidação das Leis do Trabalho (CLT), aprovada pelo Decreto-Lei n. 5.452, de 1º de maio de 1943, e as Leis n. 6.019, de 3 de janeiro de 1974, 8.036, de 11 de maio de 1990, e 8.212, de 24 de julho de 1991, a fim de adequar a legislação às novas relações de trabalho. Diário Oficial da União, Brasília, DF. 13 de julho de 2017. Disponível em: < http://www.planalto.gov.br/ccivil_03/_ato2015-2018/2017/lei/l13467.htm>. Acesso em: 23 mar. 2021.

terceirizada, nos termos do que dispõe o art. 7º, XXIX, da Constituição Federal[62], c/c Art. 5º-A da Lei n. 6.019/74[63].

No que tange à folha de pagamento e Guia de Informações à Previdência Social, o prazo estipulado era de dez anos, conforme preconizava expressamente o art. 84, do Decreto n. 3.048/1999[64]. Entretanto, esse prazo foi alterado pelo Decreto n. 10.410, de 2020[65], passando a constar "§1ºA empresa e o empregador doméstico deverão conservar, durante o prazo decadencial de que trata o art. 348 (5 anos), os comprovantes dos pagamentos e as cópias das certidões correspondentes, para exame pela fiscalização". Assim dispõe o art. 348: ". O direito da seguridade social de apurar e constituir seus créditos extingue-se no prazo de cinco anos, contado".

Com relação ao Fundo de Garantia do Tempo de Serviço (FGTS), o art. 23-A, § 5º, da Lei n. 8.036/1990[66], foi

---

(62) BRASIL. CONSTITUIÇÃO da República Federativa do Brasil, de 05.10.1988. Brasília, 1988. Disponível em: < http://www.planalto.gov.br/ccivil_03/constituicao/constituicao.htm>. Acesso em: 3 mar. 2021.

(63) BRASIL. LEI N. 6.019, DE 3 DE JANEIRO DE 1974. Dispõe sobre o Trabalho Temporário nas Empresas Urbanas, e dá outras Providências. Diário Oficial da União, Brasília, DF. 3 de janeiro de 1974. Disponível em: < http://www.planalto.gov.br/ccivil_03/leis/l6019.htm>. Acesso em: 23 mar. 2021.

(64) BRASIL. Decreto no 3.048, de 6 de maio de 1999.Aprova o Regulamento da Previdência Social, e dá outras providências. Diário Oficial da União, Brasília, DF. 09 de agosto de 1943. Disponível em: <http://www.planalto.gov.br/ccivil_03/decreto/d3048.htm>. Acesso em: 23 mar. 2021.

(65) BRASIL. Decreto n. 10.410, de 30 de junho de 2020. Altera o Regulamento da Previdência Social, aprovado pelo Decreto n. 3.048, de 6 de maio de 1999. Diário Oficial da União, Brasília, DF. 30 de junho de 2020. Disponível em: < https://www.in.gov.br/en/web/dou/-/decreto-n-10.410-de-30-de-junho-de-2020-264503344>. Aceso em 24 mar. 2021.

(66) BRASIL. Lei n. 8.036, de 11 de maio de 1990. Dispõe sobre o Fundo de Garantia do Tempo de Serviço, e dá outras providências. Diário Oficial da União, Brasília, DF. 11 de maio de 1990. Disponível em: http://www.planalto.gov.br/ccivil_03/leis/l8036consol.htm>. Acesso em: 24 mar. 2021.

alterado pela Lei n. 13.932/2019[67] e o prazo anterior de 30 anos passou a ser de 5 anos, mesmo para efeitos de fiscalização: "§ 3º Todos os documentos relativos às obrigações perante o FGTS, referentes a todo o contrato de trabalho de cada trabalhador, devem ser mantidos à disposição da fiscalização por até 5 (cinco) anos após o fim de cada contrato(Incluído pela Lei n. 13.932, de 2019).

Ainda, o Supremo Tribunal Federal, última instância do Judiciário, pacificou o entendimento de que o prazo da prescrição trintenária para o FGTS é inconstitucional e deve prevalecer o período de cinco anos, nos termos do art. 5º, da CF, de 1988[68].

A Súmula n. 362 do TST[69] (Tribunal Superior do Trabalho) foi alterada para estabelecer o prazo de prescrição em cinco anos. Para os casos em que o prazo prescricional já estava em curso em 13.11.2014, aplica-se o prazo prescricional que se consumar primeiro: trinta anos, contados do

(67) BRASIL. Lei n. 13.932, de 11 de dezembro de 2019. Altera a Lei Complementar n. 26, de 11 de setembro de 1975, e as Leis nos 8.036, de 11 de maio de 1990, 8.019, de 11 de abril de 1990, e 10.150, de 21 de dezembro de 2000, para instituir a modalidade de saque-aniversário no Fundo de Garantia do Tempo de Serviço (FGTS) e assegurar o equilíbrio econômico-financeiro do Fundo, dispor sobre a movimentação das contas do Programa de Integração Social (PIS) e do Programa de Formação do Patrimônio do Servidor Público (Pasep) e sobre a devolução de recursos ao Fundo de Amparo ao Trabalhador (FAT), alterar disposições sobre as dívidas do Fundo de Compensação de Variações Salariais (FCVS), e extinguir a cobrança da contribuição de 10% (dez por cento) devida pelos empregadores em caso de despedida sem justa causa.. Diário Oficial da União, Brasília, DF. 11 de dezembro de 2019. Disponível em: < http://www.planalto.gov.br/ccivil_03/_ato2019-2022/2019/lei/L13932.htm>. Acesso em: 24 de mar. 2021.

(68) BRASIL. Constituição da República Federativa do Brasil, de 05.10.1988. Brasília, 1988. Disponível em: < http://www.planalto.gov.br/ccivil_03/constituicao/constituicao.htm>. Acesso em: 3 mar. 2021.

(69) BRASIL. Tribunal Superior do Trabalho. TST-Ag-E-ARR-306682.2011.5.12.0053, Relator Ministro Alexandre Luiz Ramos. Julgado em 13 de agosto de 2014. DJ 19, 20 e 21.11.2003. Disponível em: <https://www3.tst.jus.br/jurisprudencia/Sumulas_com_indice/Sumulas_Ind_351_400.html#SUM-362>. Acesso em 24 mar. de 2021

termo inicial, ou cinco anos, a partir de 13.11.2014 (STF-ARE-709212/DF).

Com relação à RAIS (Relação Anual de Informações Sociais) e CAGED, essas obrigações foram substituídas pelo e social. A Portaria n. 1.195, de 30 de outubro de 2019[70], da Secretaria Especial de Previdência e Trabalho, passou a disciplinar o registro eletrônico de empregados e a anotação na Carteira de Trabalho e Previdência Social (CTPS) por meio do eSocial. Com isso, o Livro de Registro passa a compor o rol de obrigações já substituídas pelo e social.

Até o momento, já foram substituídas as seguintes obrigações, para todos ou parte dos empregadores obrigados ao e Social:

- CAGED - Cadastro Geral de Empregados e Desempregados (a partir de janeiro/2020);

- LRE - Livro de Registro de Empregados (para os que optarem pelo registro eletrônico);

- CTPS - Carteira de Trabalho e Previdência Social.

Entretanto, a referida Portaria do Ministério da Economia, publicada no dia 14 de fevereiro de 2019, permanece em vigor e estipula a obrigação dos empregadores de manter arquivado cópia da RAIS durante 05 anos após sua emissão.

A Portaria do antigo Ministério do Trabalho e Emprego que estipula a necessidade de arquivo do Cadastro

---

(70) BRASIL. PORTARIA N. 1.195, DE 30 DE OUTUBRO DE 2019. Disciplina o registro de empregados e a anotação na Carteira de Trabalho e Previdência Social em meio eletrônico, e dá outras providências. (Processo n. 19966.100353/2019-47). Diário Oficial da União, Brasília, DF. 31 de dezembro de 2019. Disponível em: <https://www.in.gov.br/en/web/dou/-/portaria-n-1.195-de-30-de-outubro-de-2019-224742577>. Acesso em: 24 mar. 2021.

Geral de Empregados e Desempregados por cinco anos não foi revogado.

Vale ressaltar que As Normas Regulamentadoras – NRs, relativas à Saúde, Segurança e Medicina do Trabalho – SSMT, são de observância obrigatória pelas empresas privadas e públicas e pelos órgãos públicos da administração direta e indireta, bem como pelos órgãos dos Poderes Legislativo e Judiciário, que possuam empregados regidos pela Consolidação das Leis do Trabalho – CLT.

Capítulo 8

TECNOLOGIAS APLICADAS NAS RELAÇÕES DE TRABALHO

8.1. Geolocalização

O Parecer 13/2011[71], sobre serviços de geolocalização, em dispositivos móveis inteligentes, dispõe que sempre que houver necessidade de tratamento por meio de geolocalização, a fim de evitar-se um monitoramento contínuo, o empregado deverá desligar o dispositivo de monitoramento fora do seu horário de trabalho, devendo o empregador indicar o modo de o fazer, o que poderá ser orientado por meio de regulamento empresarial.

Especificamente, o documento enfatiza que:

> O consentimento como justificação legítima para o tratamento é problemático num contexto laboral. No seu parecer sobre o tratamento de dados pessoais no contexto laboral, o grupo de trabalho escreveu o seguinte: «quando se pedir a um trabalhador o seu consentimento e ele for potencial ou efetivamente penalizado se o recusar, o consentimento não é válido nos termos do art. 7º ou

(71) GT29. WP202. Parecer 2/2013 sobre as aplicações em dispositivos inteligentes. Adotado em 27 de fevereiro de 2013. Disponível em: < https://ec.europa.eu/newsroom/article29/news-overview.cfm>. Acesso em: 25 mar. 2021.

do art. 8º, uma vez que não é dado livremente. (GT29, WP202, Parecer 2/2013).

No contexto laboral, a utilização do consentimento como fundamento legal para o tratamento de dados pessoais apresenta complexidades significativas. De acordo com o Parecer 13/2011 do Grupo de Trabalho Artigo 29 (WP29), autoridade criada pela Diretiva 95/46/CE[72], o consentimento em ambientes de trabalho raramente é livre devido à natureza da relação entre empregado e empregador. O parecer destaca que, em situações onde o empregado se sente compelido a consentir com o tratamento de seus dados pessoais sob risco de penalização ou perda de oportunidades, tal consentimento não é considerado como livremente dado, conforme estipulado pelos artigos. 7º e 8º da Diretiva de Proteção de Dados da UE.

Esta preocupação é particularmente relevante no uso de serviços de geolocalização em dispositivos móveis inteligentes, onde o monitoramento contínuo do local do empregado pode se tornar invasivo. Para mitigar tal monitoramento, recomenda-se que os empregados tenham a opção de desligar os dispositivos de monitoramento fora do horário de trabalho, uma prática que deve ser claramente comunicada e regulamentada pelo empregador, potencialmente por meio de um regulamento empresarial.

---

(72) O Grupo de Trabalho do Artigo 29 foi substituída em maio de 2018 pelo Comitê Europeu para a Proteção de Dados (EDPB, – European Data Protection Board), autoridade criada pelo GDPR. O Grupo de Trabalho do Artigo 29 (Art. 29 WP), era um órgão consultivo independente e formado por representantes das autoridades nacionais de proteção de dados, já o EDPB tem um papel mais amplo e poderes de decisão, trabalhando para assegurar a aplicação consistente do GDPR em toda a União Europeia e para facilitar a cooperação entre as autoridades nacionais de proteção de dados.

Além disso, é indispensável que os empregadores avaliem a necessidade real do monitoramento da localização exata dos empregados em relação aos objetivos legítimos da empresa, ponderando tal necessidade contra os direitos e liberdades fundamentais dos empregados. Em casos justificados, o tratamento de dados baseado no legítimo interesse do controlador pode ser mais apropriado do que o consentimento, como destacado na diretriz da União Europeia.

Sempre que possível, deve-se optar por métodos menos intrusivos de monitoramento, como sistemas que alertam quando um empregado ultrapassa um limite virtual preestabelecido, ao invés de realizar um acompanhamento contínuo[(73)].

Finalmente, ao considerar a implementação de tecnologias de geolocalização, é importante lembrar que dispositivos instalados em veículos se destinam ao monitoramento da localização dos veículos, e não dos empregados. Portanto, empregadores devem evitar o uso desses dispositivos para monitorar o comportamento ou a localização dos condutores fora do contexto estritamente relacionado à localização do veículo.[(74)]

É importante mencionar que serviços de geolocalização não informam apenas a posição exata do dispositivo, mas também o instante dessa localização, com uma alta precisão. Esse fato permitiria realizar o controle de jornada e a avaliação de desempenho do empregado. Como mencionado anteriormente, deve-se considerar a finalidade para qual o dado está sendo coletado a fim de se evitar o desvio.

---

(73) GT29. WP202. Parecer 2/2013 sobre as aplicações em dispositivos inteli-gentes. Adotado em 27 de fevereiro de 2013. Disponível em: < https://ec.europa.eu/newsroom/article29/news-overview.cfm>. Acesso em: 25 mar. 2021.

(74) *Idem.*

8.2. Tratamento automatizado

O tratamento automatizado de dados pessoais em processos seletivos vem crescendo com a evolução tecnológica, trazendo consigo um desafio importantes e que pode ser amplificado, já que, quando falamos de aprendizado de máquina, são utilizados dados para treinar o algoritmo e os dados de processos seletivos anteriores poderão perpetuar desigualdades históricas. O aprendizado de máquina, que depende de dados para treinar algoritmos, pode inadvertidamente reforçar preconceitos existentes se os dados históricos contiverem vieses.

O tratamento inadequado de atributos, como etnia e gênero, que geralmente discrimina grupos minoritários ou historicamente discriminados em processos de recrutamento automatizado, ressalta uma problemática mais ampla relacionada à discriminação baseada em diversas características pessoais. Casos notáveis, como a discriminação observada no algoritmo de recrutamento da Amazon, que penalizava candidatas femininas, ilustra como o uso de dados de maneira não ética para alimentar o algoritmo pode reforçar preconceitos existentes, contrariando não apenas princípios éticos, mas também o princípio da não discriminação estabelecido pelas normas de proteção de dados. O incidente com a Amazon destaca a urgência de uma vigilância constante e uma análise crítica dos dados usados em seleções automatizadas para garantir que os processos seletivos permaneçam justos, éticos e livres de qualquer viés discriminatório.[75]

---

(75) DASTIN, Jeffrey. Amazon abandona un proyecto de IA para la contratación por su sesgo sexista. Reuters, 2018. Disponível em: https://www.reuters.com/article/amazon-com contratacion-ia-idESKCN1MO0M4. Acesso em: 20 fev. 2024.

Nesse contexto, a Lei Geral de Proteção de Dados Pessoais (LGPD) no Brasil e o Regulamento Geral de Proteção de Dados (GDPR) na União Europeia, desempenham um papel fundamental. Estas normas visam reforçar a proteção dos titulares de dados, oferecendo-lhes o direito de solicitar a revisão de decisões baseadas unicamente em processos automatizados que impactem diretamente seus direitos e interesses. Essa disposição legal garante mais transparência e justiça, obrigando os controladores a esclarecerem os critérios e procedimentos adotados nas tomadas de decisão automatizadas. Destaque-se ainda que o GDPR garante que esta revisão seja feita por pessoa natural.

Desta forma, é essencial que as empresas adotem práticas de tratamento de dados que respeitem os princípios de justiça e igualdade, garantindo que decisões automatizadas sejam submetidas à revisão e auditoria para prevenir qualquer forma de discriminação. O art. 20 da LGPD exemplifica esse compromisso com a transparência e a proteção dos direitos dos indivíduos, estabelecendo um marco legal para a revisão de decisões automatizadas e a verificação de práticas discriminatórias pela autoridade nacional competente.

Quando estivermos diante de decisões apenas tomadas com base em tratamento automatizado de dados pessoais os titulares terão direito a solicitar revisão de decisões tomadas.

> Art. 20. O titular dos dados tem direito a solicitar a revisão de decisões tomadas unicamente com base em tratamento automatizado de dados pessoais que afetem seus interesses, incluídas as decisões destinadas a definir o seu perfil pessoal, profissional, de consumo e de crédito ou os aspectos de sua personalidade. (Redação dada pela Lei n. 13.853, de 2019).

§ 1º O controlador deverá fornecer, sempre que solicitadas, informações claras e adequadas a respeito dos critérios e dos procedimentos utilizados para a decisão automatizada, observados os segredos comercial e industrial.

§ 2º **Em caso de não oferecimento de informações** de que trata o § 1º deste artigo baseado na observância de segredo comercial e industrial, **a autoridade nacional poderá realizar auditoria para verificação de aspectos discriminatórios em tratamento automatizado de dados pessoais.**(76)

Carloto, em sua obra "Discriminação Algorítmica em Processos Seletivos Eletrônicos e uma Metodologia para Eliminação de Vieses Discriminatórios" (2023), aborda a importância de implementar metodologias que mitiguem a discriminação algorítmica e promovam a igualdade de oportunidades. A autora propõe uma abordagem em quatro fases que inclui o uso de ferramentas de compliance trabalhista, algoritmos que não tratam dados sensíveis, validação da não discriminação algorítmica por meio de auditorias estatísticas e, se necessário, a implementação de ações afirmativas para corrigir discriminações indiretas identificadas.

Esta metodologia visa não apenas a eliminação de vieses históricos e de interpretação humana, mas também a promoção de um tratamento justo e igualitário entre todos os candidatos, privilegiando a inclusão e a diversidade nos ambientes de trabalho. É essencial que as empresas analisem criticamente os dados utilizados nos algoritmos de seleção, identificando possíveis variáveis proxy que possam levar à discriminação indireta, e adotem políticas de contratação que favoreçam grupos historicamente marginalizados.

---

(76) BRASIL. Lei n. 13.709, de 14 de agosto de 2018. Lei Geral de Proteção de Dados Pessoais (LGPD). Diário Oficial da União, Brasília, DF. 14 de agosto de 2018. Disponível em: <http://www.planalto.gov.br/ccivil_03/_ato2015-2018/2018/lei/L13709.htm>. Acesso em: 3 de mar. 2021.

A aplicação de métricas estatísticas, como *disparate impact, demographic parity, equalized odds* e *equal opportunity*, é fundamental para auditar e combater práticas discriminatórias em algoritmos de tomada de decisão. O uso da métrica *equalized odds*, por exemplo, permite uma análise mais precisa da ocorrência de discriminação algorítmica, considerando tanto as proporções de predições positivas quanto as taxas de verdadeiros e falsos positivos.

Em conclusão, a adoção de práticas e metodologias que garantam a equidade, a justiça e a igualdade de oportunidades em processos seletivos é fundamental para as empresas. As métricas estatísticas apropriadas devem ser utilizadas para identificar e monitorar continuamente a equidade nos processos seletivos, assegurando que todos os candidatos sejam tratados de forma justa e ética.[77]

8.3. Teste de Penetração ou "*Pentest*"

O "*pentest*" ou teste de penetração, tem como objetivo central detectar e explorar vulnerabilidades nos sistemas da organização.

O teste de penetração, conhecido como *pentest*, é uma prática importante para avaliar a segurança dos sistemas de uma organização, identificando e explorando suas vulnerabilidades. Esse processo deve ser conduzido por profissionais especializados em segurança cibernética, preferencialmente de uma empresa externa dedicada a testes de vulnerabilidade, para garantir uma avaliação objetiva e detalhada.

(77) CARLOTO, Selma. Discriminação algorítmica em processos seletivos eletrônicos e uma metodologia para eliminação de vieses discriminatórios. Mizuno, 2023.

Após a conclusão do *pentest*, a empresa contratada deverá elaborar um relatório detalhado, destacando as fragilidades detectadas e recomendando correções específicas. Este documento serve como um guia para a implementação de melhorias em medidas técnicas, assim como em procedimentos administrativos, visando reforçar a segurança da informação dentro da organização.

Embora a Lei Geral de Proteção de Dados (LGPD) não estipule explicitamente a realização de testes de penetração como uma obrigação, a adoção dessa prática é altamente recomendada. Ela se alinha às melhores práticas de segurança da informação e contribui significativamente para a proteção dos dados pessoais tratados pela empresa, reforçando a conformidade com a LGPD e outros padrões de segurança relevantes.

REFERÊNCIAS

ABNT (ASSOCIAÇÃO BRASILEIRA DE NORMAS TÉCNICAS). NBR ISO/IEC 27701:2019. Técnicas de segurança — Extensão da ABNT NBR ISO/IEC 27001 e ABNT NBR ISO/IEC 27002 para gestão da privacidade da informação — Requisitos e diretrizes.

ABNT (ASSOCIAÇÃO BRASILEIRA DE NORMAS TÉCNICAS). NBR ISO/IEC 27001:2013. Tecnologia da Informação - Técnica de Segurança - Sistema de Gestão da Segurança da Informação - Requisitos.

ABNT (ASSOCIAÇÃO BRASILEIRA DE NORMAS TÉCNICAS). NBR ISO/IEC 27005:2019. Tecnologia da Informação - Técnica de Segurança - Gestão de Risco de Segurança da Informação.

ABNT (ASSOCIAÇÃO BRASILEIRA DE NORMAS TÉCNICAS). NBR ISO/IEC 29100:2020. Tecnologia da Informação - Técnica de Segurança - Estrutura de Privacidade.

BRASIL. Decreto n. 3.048, de 6 de maio de 1999.Aprova o Regulamento da Previdência Social, e dá outras providências. **Diário Oficial da União**, Brasília, DF. 09 de agosto de 1943. Disponível em: <http://www.planalto.gov.br/ccivil_03/decreto/d3048.htm>. Acesso em: 23 mar. 2021.

BRASIL. Constituição da República Federativa do Brasil, de 05.10.1988. Brasília, 1988. Disponível em: <http://www.planalto.gov.br/ccivil_03/constituicao/constituicao.htm>. Acesso em: 3 mar. 2021.

BRASIL. Decreto-lei n. 5.452, de 1 de maio de 1943. Aprova a Consolidação das Leis do Trabalho. **Diário Oficial da União**, Brasília, DF. 9 de agosto de 1943. Disponível em: <http://www.planalto.gov.br/ccivil_03/decreto-lei/del5452.htm>.Acesso em: 8 mar. 2021.

BRASIL. Decreto n. 10.410, de 30 de junho de 2020. Altera o Regulamento da Previdência Social, aprovado pelo Decreto n. 3.048, de 6 de maio de 1999. **Diário Oficial da União**, Brasília, DF. 30 de junho de 2020. Disponível em: <https://www.in.gov.br/en/web/dou/-/decreto-n-10.410-de-30-de-junho-de-2020-264503344>. Acesso em: 24 mar. 2021.

BRASIL. Lei n. 6.019, de 3 de janeiro de 1974. Dispõe sobre o Trabalho Temporário nas Empresas Urbanas, e dá outras Providências. **Diário Oficial da União**, Brasília, DF. 3 de janeiro de 1974. Disponível em: <http://www.planalto.gov.br/ccivil_03/leis/l6019.htm>. Acesso em: 23 mar. 2021.

BRASIL. Lei n. 8.036, de 11 de maio de 1990. Dispõe sobre o Fundo de Garantia do Tempo de Serviço, e dá outras providências. Diário Oficial da União, Brasília, DF. 11 de maio de 1990. Disponível em: http://www.planalto.gov.br/ccivil_03/leis/l8036consol.htm>. Acesso em: 24 de mar. 2021.

BRASIL. Lei n. 13.429, de 31 de março de 2017. Altera dispositivos da Lei n. 6.019, de 3 de janeiro de 1974, que dispõe sobre o trabalho temporário nas empresas urbanas e dá outras providências; e dispõe sobre as relações de trabalho na empresa de prestação de serviços a terceiros. **Diário Oficial da União**, Brasília, DF. 31 de março de 2017. Disponível em: <http://www.planalto.gov.br/ccivil_03/_ato2015-2018/2017/lei/l13429.htm>. Acesso em: 23 mar. 2021.

BRASIL. Lei n. 13.467, de 13 de julho de 2017. Altera a Consolidação das Leis do Trabalho (CLT), aprovada pelo Decreto-Lei n. 5.452, de 1º de maio de 1943, e as Leis n. 6.019, de 3 de janeiro de 1974, 8.036, de 11 de maio de 1990, e 8.212, de 24 de julho de 1991, a fim de adequar a legislação às novas relações de trabalho. **Diário Oficial da União**, Brasília, DF. 13 de julho de 2017. Disponível em: <http://www.planalto.gov.br/ccivil_03/_ato2015-2018/2017/lei/l13467.htm>. Acesso em: 23 mar. 2021.

BRASIL. Lei n. 13.709, de 14 de agosto de 2018. Lei Geral de Proteção de Dados Pessoais (LGPD). **Diário Oficial da União**, Brasília, DF. 14 de agosto de 2018. Disponível em: <http://www.planalto.gov.br/ccivil_03/_ato2015-2018/2018/lei/L13709.htm>. Acesso em: 03 de mar. 2021.

BRASIL. Lei n. 13.932, de 11 de dezembro de 2019. Altera a Lei Complementar n. 26, de 11 de setembro de 1975, e as Leis nos 8.036, de 11 de maio de 1990, 8.019, de 11 de abril de 1990, e 10.150, de 21 de dezembro de 2000, para instituir a modalidade de saque-aniversário no Fundo de Garantia do Tempo de Serviço (FGTS) e assegurar o equilíbrio econômico-financeiro do Fundo, dispor sobre a movimentação das contas do Programa de Integração Social (PIS) e do Programa de Formação do Patrimônio do Servidor Público (Pasep) e sobre a devolução de recursos ao Fundo de Amparo ao Trabalhador (FAT), alterar disposições sobre as dívidas do Fundo de Compensação de Variações Salariais (FCVS), e extinguir a cobrança da contribuição de 10% (dez por cento) devida pelos empregadores em caso de despedida sem justa causa. **Diário Oficial da União**, Brasília, DF. 11 de dezembro de 2019. Disponível em: <http://www.planalto.gov.br/ccivil_03/_ato2019-2022/2019/lei/L13932.htm>. Acesso em: 24 de mar. 2021.

BRASIL. Ministério do Trabalho. Portaria n. 1.510 DE 21.08.2009. Disponível em: <http://www.normaslegais.com.br/legislacao/portaria1510_2009.htm>. Acesso em: 5 mar. 2021.

BRASIL. Portaria n. 1.195, de 30 de outubro de 2019. Disciplina o registro de empregados e a anotação na Carteira de Trabalho e Previdência Social em meio eletrônico, e dá outras providências. (Processo n. 19966.100353/2019-47). Diário Oficial da União, Brasília, DF. 31 de dezembro de 2019. Disponível em: https://www.in.gov.br/en/web/dou/-/portaria-n-1.195-de-30-de-outubro-de-2019-224742577>. Acesso em: 24 mar. 2021.

BRASIL. Tribunal Superior do Trabalho. **TST-Ag-E-ARR-3066-82.2011.5.12.0053,** Relator Ministro Alexandre Luiz Ramos. Julgado em 13 de agosto de 2014. DJ 19, 20 e 1.11.2003. Disponível em: <https://www3.tst.jus.br/jurisprudencia/Sumulas_com_indice/Sumulas_Ind_351_400.html#SUM-362>.Acesso em: 24 mar. 2021.

Brumadinho pode ser o maior acidente de trabalho do Brasil. Globo.com, 2019. Disponível em: <https://g1.globo.com/mg/minas-gerais/

noticia/2019/01/29/brumadinho-pode-ser-maior-acidente-de--trabalho-do-brasil.ghtml>. Acesso em: 05 de mar. de 2021.

CARLOTO, Selma. *Lei Geral de Proteção de Dados*: enfoque nas relações de trabalho. São Paulo: LTr, 2020.

EUROPA. Regulamento (UE) 2016/679 do **Parlamento Europeu** e do Conselho, de 27 de abril de 2016, relativo à proteção das pessoas singulares no que diz respeito ao tratamento de dados pessoais e à livre circulação desses dados e que revoga a Diretiva 95/46/CE (**Regulamento Geral sobre a Proteção de Dados**) (Texto relevante para efeitos do EEE). Disponível em: <https://eur-lex.europa.eu/legal-content/PT/ALL/?uri=celex:32016R0679>. Acesso em: 13 dez. 2020.

Ferramenta de recrutamento da Amazon com AI discriminava candidatas mulheres . Tecnoblog.net, 2019. Disponível em: <https://tecnoblog.net/meiobit/391571/ferramenta-de-recrutamento--amazon-ai-discriminava-mulheres/>. Acesso em: 3 mar. de 2021.

Google pagará US$ 3,8 milhões por discriminar mulheres durante contratação. Uol, 2021. Disponível em: <https://www.uol.com.br/tilt/noticias/afp/2021/02/02/google-pagara-us-38-mi-por-discriminar-mulheres-durante-contratacao.htm?cmpid=copiaecola>. Acesso em: 8 mar. 2021.

GUIA DE BOAS PRÁTICAS – Lei Geral de Proteção de Dados (LGPD) Disponível em: <https://www.gov.br/governodigital/pt-br/governanca-de-dados/guia-de-boas-praticas-lei-geral-de--protecao-de-dados-lgpd>.pdf. Acesso em: 3 mar. 2021.

GUIAS OPERACIONAIS PARA ADEQUAÇÃO À LGPD. Gov.br, 2020. Disponível em: <https://www.gov.br/governodigital/pt-br/governanca-de-dados/guias-operacionais-para-adequacao-a-lgpd>. Acesso em: 23 mar. 2021.

GT29. WP202. Parecer 2/2013 sobre as aplicações em dispositivos inteligentes. Adotado em 27 de fevereiro de 2013. Disponível em: <https://ec.europa.eu/newsroom/article29/news-overview.cfm>. Acesso em: 25 mar. 2021.

GT29. **WP259 rev.01**. Grupo de Trabalho do Artigo 29. Diretrizes sobre consentimento nos termos do Regulamento 2016/679. Adotado em 28 de novembro de 2017, revisado e adotado pela última vez em 10 de abril de 2018. Disponível em: <https://ec.europa.eu/newsroom/article29/item-detail.cfm?item_id=623051>. Acesso em: 27 mar. 2021.

HINTZBERGEN, J. et al. *Fundamento de Segurança da Informação.* Rio de Janeiro: Editora Van Haren Publishing, 2010, 2015.

SOLTILLE, Mauro Afonso [et al.]. *Gerenciamento do escopo em projeto.* Rio de Janeiro: Editora FGV, 2017.

TRIBUNAL SUPERIOR DO TRABALHO TST - RECURSO DE REVISTA: RR 1793-64.2016.5.12.0030. Tribunal Superior do Trabalho, 2020. Disponível em:<https://tst.jusbrasil.com.br/jurisprudencia/773586037/recurso-de-revista-rr-17936420165120030>. Acesso em: 3 mar. 2021.

CASE – LIVRARIA LGPD

A livraria LGPD foi fundada em 1986, na cidade de São Paulo, pelo Sr. Afrânio, cujo objetivo era vender apenas livros para crianças. Em 1995, o Sr. Afrânio resolveu expandir o seu negócio, e abriu o leque para as demais editoras, passando a vender livros de todos os gêneros. Sua livraria emprega cerca de 30 funcionários e possui contrato com 5 editoras.

Conforme já explanado, a livraria LGPD vendia apenas em sua loja física, mas como seu negócio cresceu rapidamente, ele resolveu realizar vendas por meio de uma plataforma *on-line* (site).

Assim, o Sr. Afrânio, precisou contratar mais 10 funcionários para sua loja física no Brasil, e futuramente mais 5.

A livraria conta com 3 funcionários no setor de RH – Para o processo de seleção dos 10 colaboradores, esse setor de RH irá realizar a coleta de currículos fisicamente (pessoalmente na recepção), por meio de entrega de colegas de trabalho (indicação), por meio de seu site (plataforma *on-line*) e pela rede social LinkedIn e WhatsApp. A livraria, ainda, exige que seja entregue um vídeo explicando o motivo pelo qual o candidato deseja trabalhar, no momento da entrega do currículo ou anexo na plataforma (site). Quanto aos currículos impressos, a empresa fornece um número de WhatsApp para o candidato enviar o vídeo. A empresa ainda guarda todos os currículos impressos em um armário, no setor de RH, por tempo indeterminado, para facilitar os próximos processos de seleção.

O RH contará com apoio de uma empresa de recrutamento e seleção "recrutamento.br", para desenvolver o processo, pois eles não detêm toda a experiência exigida no processo. A empresa "recrutamento.br" utiliza um processo automatizado de seleção.

A livraria utilizará a imagem de seus funcionários para campanhas de marketing durante a execução do contrato. Também utilizará um sistema tecnológico na entrada da loja, como catracas com a coleta de biometria.

O servidor que armazena os *backups* da livraria LGPD fica localizado na União Europeia.

A livraria conta com outros setores como: jurídico, *marketing*, comercial, TI, segurança da informação entre outros.

Essa empresa foi informada sobre a Lei de Proteção de Dados Pessoais e procura um profissional qualificado para lhe orientar na adequação/implementação da LGPD.

Fonte: Do autor, 2021

APÊNDICE A - Modelo de *Data mapping*/Inventário/ROPA/LIA e Mapeamento de Risco.

PROJETO LGPD				
Cadastro do Contolador (Empresa)			Controle de Versão	
Razão Social:			Data de criação do inventário:	
Nome Fantasia:			Data de atualização do inventário:	
CNPJ:			Data de conclusão do inventário:	
Responsável Legal:			Encarregado (DPO)	
Endereço:			Nome:	
Telefone:			Endereço:	
E-mail:			E-mail:	
Website:			Telefone:	
Descrição da Atividade:			Data de nomeação:	

Informações Gerais				
Quais os setores/departamentos	Responsáveis	"e-mail"/telefone	Clasificação das Funções	Descrição das funções

Macro Processo	
Quais Processos são executados	Descrição dos processos

Responsável pelo preenchimento				
Nome	Departamento	Função	*e-mail*	Telefone

Dados Pessoais Tratado - Duração do Tratamento				
Qual a finalidade do tratamento	Quais são os dados pessoais tratados	Qual a forma de tratamento	Qual o prazo de conservação de dados	A empresa descarta os dados pessoais após o prazo de retenção?

Compartilhamento dos Dados Pessoais – Operador			
Existe Compartilhamento dos Dados Pessoais?	Com Quem os Dados Pessoais São Compartilhados?	Responsável *E-mail* Telefone	Qual a Finalidade do Compartilhamento dos Dados Pessoais?

Natureza dos Dados Pessoais	
Categoria de Dados Pessoais Tratados	
Dados Pessoais (art. 5º, inciso I)	Dados Pessoais Sensíveis (art. 5º, inciso II da LGPD)

Dados de Criança e Adolescente	
A empresa trata dados de crianças e adolescentes?	Com quais empresas (operadores) são compartilhados os dados de crianças e adolescente?

Informações sobre os Titulares de Dados Pessoais		
Quem são os titulares dos dados pessoais?	Como os Dados Pessoais são coletados? (Detalhar)	
	Físico	Eletrônico

Transferência Internacional de Dados Pessoais		
A empresa realiza transferência internacional de Dados-Pessoais?	Para quais Países os Dados Pessoais são compartilhados?	Existe algum controle para transferência de Dados Pessoais para estes países? Quais? Detalhar.

Base Legal - LGPD	Tabela de leis (Extras)
Qual a base legal usada paratratamento dos Dados Pessoais?	Quais leis, normas, regulamentos, decretos,portarias são usadas para o tratamento dos dados pessoais além da LGPD?

Consentimento/ Termo	
A empresa utiliza a base legal do consentimento?	Em qual momento o consentimento é registrado pela empresa?

legítimo Interesse - LIA			
A empresa utiliza a base legal do legítimo interesse?	Em qual momento é realizado este tratamento (Detalhar)	Necessidade	Balanceamento

Decisão automatizada	
A empresa realiza algum tratamento com base em decisão automatizada?	Caso sim, quais os critérios e procedimentos utilizados para a decisão automatizada?

Armazenamento dos Dados Pessoais/Classificação dos Ativos			
Qual local de armazenamento dos dados pessoais ou local que eles fruem?	Qual a forma de armazenamento dos dados pessoais?		Quem é o responsável pelo armazenamento?
	Físico	Eletrônico	

Quais são os Direito dos Titulares dos Dados Pessoais (art. 18 da LGPD)	
Cabíveis	Não Cabíveis

Classificação das Informações			
1 - Confidencial	2 - Restrita	3 - Interna	4 - Pública

Segurança da Informação (SI)					
Responsável pelo setor/empresa		Medidas de Segurança da Informação adotadas (Administrativas) "Antes"	Medidas de Segurança da Informação adotadas (Administrativas) "Depois"	Medidas de Segurança da Informação adotadas (técnicas) "Antes"	Medidas de Segurança da Informação adotadas (técnicas) "Antes"
Nome					
E-mail					
Telefone					

Classificação das Informações			
1 - Confidencial	2 - Restrita	3 - Interna	4 - Pública

Incidentes e violações de Dados Pessoais	
Já existiu algum tipo de incidente ou violação de Dados Pessoais?	
Sim, em qual momento, dia, mês e ano, e quais medidas foram adotadas?	Não

Relatório de Impacto à Proteção de Dados Pessoais	
Será necessária a realização do RIPD?	
Sim, em qual tratamento?	Não

(78)

(78) O modelo de análise de risco, escalas, matriz de risco e descrição são baseados na vivência do dia a dia. Existem modelos parecidos na internet, entretanto, estes são usados na prática de projeto não só da LGPD, mas em diversos processos internos dentro de uma organização. A base de criação, foi buscada e pensada em diversas fontes, como Normas da ISO que tratam de riscos, MBA em gestão de projetos, PMBOK dentre outros.

ANÁLISE DE RISCO															
IDENTIFICAÇÃO					QUALIFICAÇÃO					RESPOSTA			CONTINGÊNCIA	SITUAÇÃO	
ID	Descrição	Impacto	Data de Inclusão	Data ou Momento de Efetivação	Probabilidade	Impacto	Score Probabilidade	Score Impacto	Exposição	Categoria	Responsável	Plano de Ação	Plano de Contingência	Status	Motivo de Fechamento
1					Muito Baixa	Pequeno	10%	20%	2%	M - MITIGAR				Aberto	
2					Baixa	Pequeno	30%	20%	6%	M - MITIGAR				Aberto	
3					Baixa	Pequeno	30%	20%	6%	M - MITIGAR				Aberto	
4					Baixa	Pequeno	30%	20%	6%	E - EVITAR				Aberto	
5					Média	Moderado	50%	40%	20%	M - MITIGAR				Aberto	
6					Média	Moderado	50%	40%	20%	M - MITIGAR				Aberto	
7					Média	Moderado	50%	40%	20%	M - MITIGAR					
8					Alta	Grave	70%	80%	56%	M - MITIGAR					
9					Alta	Grave	70%	80%	56%	M - MITIGAR					
10					Alta	Grave	70%	80%	56%	M - MITIGAR					
11					Muito Alta	Crítico	90%	100%	90%	M - MITIGAR					
12					Muito Alta	Crítico	90%	100%	90%	M - MITIGAR					

Escalas					
		Probabilidade	Impacto	Apetite da Empresa ao Risco	Tipo de Ação
Muito Baixa	Desprezível	10%	10%	7%	M - MITIGAR
Baixa	Pequeno	30%	20%	29%	A - ACEITAR
Média	Moderado	50%	40%		E - EVITAR
Alta	Grave	70%	80%		T - TRANSFERIR
Muito Alta	Crítico	90%	100%		

Matriz de Risco						
Impacto		Desprezível	Pequeno	Moderado	Grave	Crítico
Probabilidade		5%	10%	30%	80%	100%
Muito Baixa	10%	1%	1%	3%	8%	10%
Baixa	30%	2%	3%	9%	24%	30%
Média	50%	3%	5%	15%	40%	50%
Alta	70%	4%	7%	21%	56%	70%
Muito Alta	90%	5%	9%	27%	72%	90%

Probabilidade	Descrição
Muito alta	
Alta	
Média	
Baixa	
Muito Baixa	

Impacto	Descrição
Crítico	
Grave	
Moderado	
Pequeno	
Desprezível	

Tipo de Ação	Descrição
Mitigar	
Evitar	
Aceitar	
Trasferir	

Plano de Contigência	Descrição
Vermelho	
Amarelo	
Verde	

APÊNDICE B - Modelo de Relatório de Impacto à Proteção de Dados - RIPD

RELATÓRIO DE IMPACTO À PROTEÇÃO DE DADOS

<table>
<tr><td colspan="4">RESUMO</td></tr>
<tr><td colspan="4">A Lei Geral de Proteção de Dados exige que as organizações realizem relatórios de impacto à proteção de dados (RIPDs) para avaliar e abordar os riscos para os indivíduos cujos dados pessoais processam.</td></tr>
<tr><td colspan="4">ESCOPO</td></tr>
<tr><td colspan="4">Minimizar riscos por meio de medidas e salvaguardas de mitigação de risco nos processamentos de dados pessoais ou pessoais sensíveis.</td></tr>
<tr><td colspan="4">CONTROLE DE DOCUMENTO</td></tr>
<tr><td>Tipo de Documento:</td><td colspan="3"></td></tr>
<tr><td>Controlador:</td><td colspan="3"></td></tr>
<tr><td>Encarregado (DPO):</td><td colspan="3"></td></tr>
<tr><td>Versão</td><td colspan="3"></td></tr>
<tr><td>Data de Aprovação:</td><td></td><td>Data de Revisão:</td><td rowspan="2"></td></tr>
<tr><td>Data de Publicação:</td><td></td><td>Próxima Revisão:</td></tr>
<tr><td colspan="4"></td></tr>
<tr><td colspan="4">NATUREZA DOS DADOS TRATADOS:</td></tr>
<tr><td colspan="4"></td></tr>
<tr><td colspan="4">EXPLICAR E IDENTIFICAR A NECESSIDADE DO RIPD:</td></tr>
<tr><td colspan="4"></td></tr>
<tr><td colspan="4">DESCREVER A NATUREZA DO PROCESSAMENTO DE DADOS:</td></tr>
<tr><td colspan="4"></td></tr>
<tr><td colspan="4">QUE DADOS SERÃO COLETADOS?</td></tr>
<tr><td colspan="4"></td></tr>
<tr><td colspan="4">COMO SERÃO UTILIZADOS?</td></tr>
</table>

COMO E ONDE SERÃO ARMAZENADOS?
HAVERÁ COMPARTILHAMENTO? COM QUEM?
QUAIS OS RISCOS ENVOLVIDOS?
DESCREVA O FLUXO DESTES DADOS:
CONTEXTO DO PROCESSAMENTO:
PROPÓSITOS DO PROCESSAMENTO:
Descrever os benefícios para o titular dos dados (Como o processamento beneficia os titulares dos dados / indivíduos, direta ou indiretamente)
Benefícios para a organização (descreva como o processamento beneficia a organização, direta ou indiretamente)
Benefícios para terceiros (descreva como o processamento beneficia terceiros, direta ou indiretamente)
PROCESSO DE CONSULTA: A1 Contribuição das partes interessadas internas, especialistas e outros profissionais (conselhos das partes, incluindo altos funcionários, especialistas em TI, advogados, consultores de segurança, consultores de ética etc., quando aplicável).

<table>
<tr><td colspan="2">PROCESSO DE CONSULTA:

A2

Aconselhamento do encarregado ou DPO (quando aplicável, obter o conselho do DPO é um requisito obrigatório - poderá ser em anexo em documento separado).</td></tr>
<tr><td colspan="2"></td></tr>
<tr><td colspan="2">PROCESSO DE CONSULTA:

A3

Contribuição dos titulares dos dados (ou seus representantes).

Sempre que relevante descreva as opiniões buscadas, metodologia de consulta ou justificativa para não buscar contribuições.</td></tr>
<tr><td colspan="2"></td></tr>
<tr><td colspan="2">AVALIAÇÃO DA NECESSIDADE E PROPORCIONALIDADE</td></tr>
<tr><td>Base legal para o tratamento: identifique a base legal de processamento, explicando a razão. Para interesses legítimos, é necessária uma avaliação separada de interesse legítimo (LIA).</td><td></td></tr>
</table>

Transparência: Descreva os meios pelos quais os titulares dos dados serão informados sobre o processamento pretendido (avisos de processamento, notificações técnicas, formulários de consentimento, fichas de informações do participante).	
Minimização de dados: Descreva as etapas que serão realizadas para garantir que a quantidade de dados pessoais seja minimizada e limitada ao que for estritamente necessário e durante todo tratamento.	
Necessidade de processamento: Explicar até que ponto o processamento será necessário.	

Limitação de armazenamento: Descreva as etapas tomadas para garantir que os dados pessoais não sejam retidos por mais tempo do que o necessário e de acordo com a finalidade do processamento.	
Qualidade dos dados/Exatidão: Descreva as etapas executadas para garantir a qualidade dos dados em termos de exatidão e isenção de preconceitos, tanto inicialmente quanto continuamente. Deverá demonstrar técnicas que garantam o princípio da qualidade de dados aos titulares.	
Segurança, integridade e confidencialidade: Descreva as medidas que foram tomadas para garantir a segurança dos dados pessoais	

Direitos do titular dos dados: Descreva as etapas executadas para garantir os direitos dos titulares dos dados.	
Processadores terceirizados: Sempre que relevante, descreva as etapas tomadas para garantir a confiabilidade do processamento de dados por terceiros em nome da Universidade e sua conformidade com a lei de proteção de dados.	
Transferências internacionais: Identificar quaisquer transferências internacionais de dados pessoais, assim como as salvaguardas implementadas em relação a tais transferências.	

<table>
<tr><td colspan="5">Identificação e Avaliação de Riscos: Risco Potencial Sobre os Titulares dos Dados, Probabilidade de Dano e de Impacto do Dano</td></tr>
<tr><td colspan="5"></td></tr>
<tr><td colspan="5">QUAL O NÍVEL DE RISCO?</td></tr>
<tr><td>Baixo</td><td>Médio</td><td>Alto</td><td colspan="2">Altíssimo</td></tr>
<tr><td></td><td></td><td></td><td></td><td></td></tr>
<tr><td colspan="5"></td></tr>
<tr><td colspan="5">Identificação de controles e medidas para eliminar ou mitigar riscos</td></tr>
<tr><td colspan="5"></td></tr>
<tr><td>Implementação e integração de controles e medidas:</td><td>Ação</td><td>Aprovação</td><td>Responsável</td><td>Data da conclusão</td></tr>
<tr><td>Resultados e aprovação:</td><td colspan="4"></td></tr>
<tr><td>Riscos residuais que não conseguem ser reduzidos ou eliminados:</td><td colspan="4"></td></tr>
<tr><td>Considerações do encarregado ou DPO:</td><td colspan="4"></td></tr>
</table>

Cidade, mês, dia e ano

Assinatura (Controlador)

Assinatura (Encarregado)

CIDADE, mês, dia e ano

Assinatura (Controlador) Assinatura (Encarregado)

APÊNDICE C - Modelo da LIA "Avaliação do Legítimo Interesse"

LIA (AVALIAÇÃO DO LEGÍTIMO INTERESSE)

AVALIAÇÃO DO LEGÍTIMO INTERESSE – LIA

<table>
<tr><td colspan="4">RESUMO</td></tr>
<tr><td colspan="4">A Lei Geral de Proteção de Dados exige, como hipótese de tratamento, o legítimo interesse, mas será indispensável um teste de ponderação envolvendo questões e que são denominadas em seu conjunto de LIA (legitimate interests assessment), ou avaliação do legítimo interesse.</td></tr>
<tr><td colspan="4">ESCOPO</td></tr>
<tr><td colspan="4">Auxilia na análise do processamento ou não dos dados que serão utilizados com base no legítimo interesse.</td></tr>
<tr><td colspan="4">CONTROLE DE DOCUMENTO</td></tr>
<tr><td>Tipo de Documento</td><td colspan="3">Avaliação do Legítimo Interesse</td></tr>
<tr><td>Controlador</td><td colspan="3"></td></tr>
<tr><td>Encarregado (DPO)</td><td colspan="3"></td></tr>
<tr><td>Versão</td><td colspan="3"></td></tr>
<tr><td>Data de Aprovação</td><td></td><td>Data de Revisão</td><td></td></tr>
<tr><td>Data de Publicação</td><td></td><td>Próxima Revisão</td><td></td></tr>
<tr><td colspan="4">DADOS PESSOAIS TRATADOS</td></tr>
<tr><td colspan="4">Detalhar quais dados do titular serão tratados:</td></tr>
<tr><td colspan="4">NECESSIDADE</td></tr>
<tr><td>Qual a razão do tratamento dos dados?</td><td colspan="3"></td></tr>
<tr><td>Há necessidade do processamento?</td><td colspan="3"></td></tr>
<tr><td>Existem outros meios menos invasivos para alcançar a finalidade pretendida?</td><td colspan="3"></td></tr>
</table>

O tratamento é lícito?	
Está definido de forma suficientemente clara para permitir a realização do teste da ponderação, em relação aos interesses e aos direitos fundamentais da pessoa em causa?	
BALANCEAMENTO	
Esse processamento realmente o ajudará a atingir seu objetivo?	
O processamento é proporcional a esse propósito?	
Você pode atingir o mesmo objetivo sem o processamento?	
Qual benefício poderá ser esperado com o processamento?	
Você está cumprindo com quaisquer regras específicas de proteção de dados que se aplicam ao seu processamento?	

<table>
<tr><td>O responsável está atendendo outras legislações específicas para o tratamento em causa? Ou outras legislações relevantes?</td><td colspan="4"></td></tr>
<tr><td colspan="5">SALVAGUARDAS</td></tr>
<tr><td>Há medidas adicionais para garantir que sejam preservados os direitos fundamentais dos titulares? Estas medidas são necessárias para evitar-se risco de impacto aos direitos fundamentais?</td><td colspan="4"></td></tr>
<tr><td colspan="5">Com base nas respostas anteriores, será possível embasar o tratamento no legítimo interesse?</td></tr>
<tr><td>SIM</td><td>NÃO</td><td colspan="3">SIM COM MEDIDAS ADICIONAIS</td></tr>
<tr><td></td><td></td><td colspan="2"></td><td></td></tr>
<tr><td colspan="5">Realizar o RIPD e anexar a LIA. A LGPD traz que a ANPD poderá solicitar o relatório de impacto à proteção de dados quando o tratamento tiver como base o legítimo interesse, nos termos do artigo 10, § 3º.</td></tr>
<tr><td colspan="5"></td></tr>
<tr><td colspan="5">RESULTADO:</td></tr>
<tr><td>Considerações Adicionais</td><td colspan="4"></td></tr>
<tr><td>Data da Avaliação</td><td colspan="4"></td></tr>
<tr><td>Data da Assinatura</td><td colspan="4"></td></tr>
<tr><td>Assinatura</td><td colspan="4"></td></tr>
</table>

APÊNDICE D - Modelo de Aviso de privacidade/Política de Privacidade

Logo	Política de Privacidade	Classificação:
Versão		Data de Emissão:

Conheça o Aviso de privacidade/Política de privacidade adotada pelao "Livraria LGPD":

PARTE GERAL

A Livraria LGPD está comprometida com os valores e princípios da Lei Geral de Proteção de Dados e demais normas relacionadas à proteção dos direitos e liberdades fundamentais dos titulares, principalmente a privacidade.

Os dados serão processados de forma legal, justa e transparente.

Essa política tem por objetivo explicar ao usuário os respectivos direitos, em relação aos seus dados pessoais coletados, e de que forma protegemos a sua privacidade, que é nossa missão e compromisso, dando a máxima transparência aos usuários desse site.

Por meio desta, informamos ao usuário como são coletados os dados pessoais, as razões pelas quais os coletamos, utilizamos e ainda com quem os compartilhamos.

Coleta e Tratamento de Dados do Cliente

No âmbito da sua atividade comercial ou de seu programa de fidelização "Leitor de LGPD", em sua loja física, ou no *website*, assim como em feiras de livros, a empresa LEITURA LGPD LTA., designada Livraria LGPD, com sede à Rua LGPD sempre atenta, número 13.709, bairro adequação, cidade Implementação, CEP 12.345-678, solicita ao cliente que disponibilize um conjunto de dados pessoais, isto é, informações fornecidas pelo cliente e que permitam à **Livraria LGPD** identificá-lo e, ou contatá-lo.

Os dados pessoais serão solicitados no momento da adesão do cliente ao programa de fidelização Leitor de LGPD, que poderá ser efetuada na livraria, ou no *website* e, bem assim, em feiras do livro e outras iniciativas de promoção do livro e da leitura. Os dados também serão solicitados quando o titular se registrar neste *website*, solicitar nosso contato, ou envio de *newsletters*, quando adquirir um produto ou estabelecer uma relação contratual com a **Livraria LGPD**, mesmo que não tenha aderido ao referido programa de fidelização, mas sempre serão apenas tratados e processados os necessários.

Os dados pessoais coletados para o programa de fidelização consistem em informação relativa ao nome, data de nascimento, telefone celular, *e-mail*, endereço, CPF, RG.

Por meio do presente Aviso de privacidade/Política de Privacidade a **Livraria LGPD** presta ao cliente e titular dos Dados (adiante mencionado abreviadamente como titular) informações detalhadas acerca da natureza dos dados coletados, da finalidade e do tratamento, que será realizado relativamente aos dados pessoais, e, bem assim, as informações mencionadas na cláusula X.

A **Livraria LGPD** também recolhe neste *website* e trata informações sobre o seu *hardware* e *software*, assim como informações sobre as páginas visitadas pelo titular dentro do *website*. Essas informações poderão incluir: o seu tipo de *browser*, o nome de domínio, os tempos de acesso e as hiperligações, por meio das quais o titular acedeu ao *website* ("Informação de Usabilidade"). A **livraria LGPD** utiliza essas informações apenas para melhorar a qualidade da sua visita ao *website*.

Canais de Coleta dos Dados

A **Livraria LGPD** poderá coletar dados de forma direta (i.e., diretamente junto do titular) ou de forma indireta (i.e., por meio de entidades parceiras ou terceiros). A coleta poderá ser feita por meio dos seguintes canais:

- Coleta direta: presencialmente, por telefone, por *e-mail* e deste *website*
- Coleta indireta: por meio de parceiros, ou empresas do grupo.

PRINCÍPIOS GERAIS APLICÁVEIS AO TRATAMENTO DE DADOS PESSOAIS DO TITULAR

Em termos de princípios gerais relativos ao tratamento de dados pessoais, a **Livraria LGPD** se compromete a assegurar que os dados dos titulares por si tratados:

- Tenham um tratamento lícito e com transparência em relação aos dados dos titulares;
- Sejam coletados para finalidades determinadas, explícitas e legítimas, não poderão posteriormente ser tratados de uma forma incompatível com a finalidade anteriormente informada;
- sejam adequados, pertinentes e limitados ao que é realmente necessário, relativamente às finalidades para as quais são tratados;
- Atendam ao princípio da qualidade dos dados. Logo, esses deverão ser exatos e atualizados, sempre que necessário, sendo adotadas todas as medidas adequadas para que os dados inexatos sejam apagados ou retificados o mais rápido possível;

- Sejam conservados de uma forma que permita a identificação do titular apenas durante o período necessário para as finalidades para as quais os dados são tratados;
- Sejam tratados de uma forma que garanta a sua segurança, incluindo-se proteção contra tratamento não autorizado ou ilícito e contra a sua perda, destruição ou danificação acidental, sendo adotadas as medidas técnicas ou organizativas adequadas.

Os Dados do Titular são coletados e tratados pela Livraria LGPD nas seguintes situações:

Para a execução de um contrato no qual o titular for parte, ou para diligências pré-contratuais a pedido do Titular;

- Para efeito dos interesses legítimos prosseguidos pela **Livraria LGPD** ou por terceiros no âmbito da relação relevante estabelecida com o cliente e sem prejuízo dos direitos e liberdades fundamentais do Titular e do direito de oposição a tratamentos ilegítimos.

Os Dados do Titular poderão ainda ser coletados e tratados pela Livraria LGPD quando:

- O tratamento for necessário para o exercício regular de um direito em processo judicial, administrativo ou arbitral, a que **Livraria LGPD** estiver sujeita;
- O tratamento for necessário para a defesa da vida e integridade física do titular ou terceiro.

Caso não se verifique nenhuma das situações acima indicadas, inseridas nas demais hipóteses de tratamento de dados pessoais, os dados do titular apenas poderão ser coletados e tratados se ele tiver dado o seu consentimento inequívoco, livre e informado, nos termos da LGPD, para o tratamento dos seus dados, para uma ou mais finalidades específicas, quando esta for a base legal de tratamento.

A **Livraria LGPD** se compromete a assegurar que o tratamento dos dados pessoais do titular apenas seja efetivado nas condições anteriormente elencadas e com respeito aos princípios anteriormente mencionados.

Quando o tratamento dos Dados do Titular for realizado, pela **Livraria LGPD,** com base no consentimento do Titular, esse tem o direito de retirar o seu consentimento a qualquer momento. Assim será garantido o direito de revogação do consentimento como direito do titular, nos termos do art. 18 da LGPD.

A retirada do consentimento, todavia, não compromete a licitude do tratamento efetuado anteriormente, com respeito ao direito do titular, pela **Livraria LGPD** com base no consentimento dado anteriormente pelo Titular.

No âmbito do tratamento dos Dados do Titular, a **Livraria LGPD** recorre ou poderá recorrer a entidades terceiras, por si subcontratadas, operadoras, para, em nome da **Livraria LGPD**, e de acordo com as instruções dadas por essa, procedam ao tratamento dos dados do titular, em estrito cumprimento com o disposto na lei e na presente Política de Privacidade.

As entidades subcontratadas não poderão transmitir os dados do titular a outras entidades.

A **Livraria LGPD** assume o compromisso de apenas compartilhar dados para entidades que apresentem garantias suficientes de execução das medidas técnicas e organizativas adequadas, de forma a assegurar a defesa dos direitos do titular.

Todas as entidades subcontratadas, como operadoras, pela **Livraria LGPD** ficam vinculadas a esta última por meio de um contrato escrito no qual são regulados, nomeadamente, o objeto e a duração do tratamento, a natureza e a finalidade de cada tratamento, o tipo de dados pessoais tratados, as categorias dos titulares dos dados e os direitos e as obrigações das partes.

A **Livraria LGPD** poderá compartilhar os dados do titular a outras entidades, sempre que necessário para a execução do contrato estabelecido entre o titular dos dados pessoais e a **Livraria LGPD**, ou para diligências preliminares para a execução do contrato, a pedido do titular, no caso de ser necessária para o exercício regular de um direito a que a **Livraria LGPD** estiver sujeita, ou ainda no caso de ser necessária para efeito da prossecução de interesses legítimos da **Livraria LGPD** ou de um terceiro.

Em caso de compartilhamento de dados a terceiros, envidaremos todos os esforços considerados razoáveis para que o destinatário utilize os dados do titular de acordo com nossa Política de Privacidade.

O período durante o qual os dados são armazenados e conservados varia de acordo com a finalidade para a qual a informação é tratada. A livraria terá uma agenda de retenção para cessar o tratamento se alcançada a finalidade, ou o período de tratamento informado.

Efetivamente, existem requisitos legais que obrigam a conservar os dados por um período mínimo. Assim, e sempre que não exista uma exigência legal específica, os dados serão armazenados e conservados apenas pelo período mínimo necessário para as finalidades, as quais motivaram a coleta, ou o posterior tratamento, tendo como limite máximo o prazo ordinário de prescrição e outras normas, findo o qual os dados serão eliminados.

UTILIZAÇÃO E FINALIDADES DO TRATAMENTO DE DADOS DO TITULAR

Em termos gerais, a **Livraria LGPD** utiliza os Dados do Titular para as seguintes finalidades:

a) Gerais

- Gestão de contatos com o titular;
- Faturamento e cobrança ao titular;
- Cumprimento da política de trocas e devoluções à **Livraria LGPD**;
- Cumprimento de obrigações legais, designadamente fiscais;
- Gravação das chamadas telefônicas que vierem a ser realizadas no âmbito da relação contratual, quer na fase de formação do contrato, quer durante a sua vigência.
- Para envio da correspondência (frete).

b) No âmbito do programa de fidelização **Leitor LGPD**

- Produção do cartão Leitor LGPD;
- Tornar possível a utilização do saldo de pontos do programa **Leitor LGPD** acumulado em cada compra efetuada;
- Informação ao Titular de que a validade do saldo **Leitor LGPD** está para terminar;

- Emissão de vale aniversário e comunicação ao Titular;
- Informação ao Titular sobre as campanhas exclusivas para **Leitores LGPD** da iniciativa da **Livraria LGPD**, assim como de outras empresas do Grupo LGPD;
- Cadastro do titular neste *website;*
- Para permitir o acesso a áreas restritas deste *website,* de acordo com termos previamente estabelecidos;
- Garantir que este *website* vá ao encontro das necessidades dos titulares leitores, por meio do desenvolvimento e publicação de conteúdos de acordo com as solicitações do titular, da melhoria das capacidades de pesquisa e funcionalidades deste *website,* além de informação agregada ou relativamente ao perfil de consumo do titular.
- Envio de *newsletters,* ou outras informações sobre produtos requisitados ou comprados pelo titular dos dados pessoais, bem como sobre iniciativas de promoção do livro e da leitura, designadamente feiras do livro, lançamentos de livros, além de encontros com escritores.

DIREITOS DOS TITULARES DOS DADOS PESSOAIS

Por meio da presente Política de Privacidade a **Livraria LGPD** prestará ao titular de dados pessoais as seguintes informações acerca da finalidade e do tratamento que será realizado relativamente aos dados pessoais:

Direito à Informação

- Os contatos da **Livraria LGPD** estão indicados nesse *website*;
- O fundamento jurídico e as finalidades do tratamento a que os dados pessoais se destinam foram mencionados nas cláusulas XY;
- São destinatários dos Dados Pessoais os mencionados na presente política de privacidade;
- Os Dados Pessoais serão armazenados e conservados apenas pelo período necessário para as finalidades que motivaram a sua coleta, ou o seu posterior tratamento, tendo como limite máximo o prazo prescricional previsto na lei, findo o qual estes serão eliminados;
- O titular terá o direito de solicitar à **Livraria LGPD a** confirmação da existência de tratamento, o acesso aos seus dados pessoais e à respetiva correção, bem como o direito de se opor ao seu tratamento ou de solicitar a portabilidade, o apagamento ou limitação dos mesmos, nos casos e termos previstos na presente Política de Privacidade;
- Nos casos em que o tratamento dos dados coletados se basear no consentimento do titular, este tem o direito de revogar o consentimento a qualquer momento, sem comprometer a licitude do tratamento já efetuado, com base no consentimento previamente dado, como exposto anteriormente;
- O titular tem o direito de apresentar reclamação junto à Autoridade Nacional de Proteção de Dados (ANPD);

- No caso de os dados do titular não serem coletados diretamente pela **Livraria LGPD,** junto ao titular, além das informações referidas acima, este será informado acerca das categorias de dados pessoais objeto de tratamento e, bem assim, acerca da origem dos dados e, eventualmente, se provêm de fontes acessíveis ao público;
- Caso a **Livraria LGPD** pretenda proceder ao tratamento posterior dos Dados do titular para um fim que não seja aquele para o qual os dados foram coletados, antes desse tratamento a **Livraria LGPD** fornecerá ao titular informações sobre esse fim e quaisquer outras informações pertinentes, nos termos acima referidos.

Direito de Acesso aos Dados Pessoais

- A **Livraria LGPD** garante os meios que permitam o acesso, pelo Titular, aos seus dados pessoais.
- O Titular tem o direito de obter da **Livraria LGPD** a confirmação de que os dados pessoais que lhe dizem respeito são ou não objeto de tratamento e, sendo o caso, o direito de livre acesso aos seus dados pessoais e às informações previstas.
- Mediante solicitação, a **Livraria LGPD** fornecerá ao titular, a título gratuito, uma cópia dos seus dados, que se encontram em fase de tratamento. O fornecimento de outras cópias solicitadas pelo Titular poderá acarretar custos administrativos.

Direito de Correção dos Dados Pessoais

O Titular tem o direito de solicitar, a qualquer momento, a correção ou retificação dos seus dados pessoais incompletos, inexatos ou desatualizados.

Em caso de correçao dos dados, a **Livraria LGPD** comunicará a cada destinatário a quem os dados tenham sido transmitidos ou compartilhados a respectiva correção, salvo se tal comunicação se vier a revelar impossível ou implicar um esforço desproporcionado para a **Livraria LGPD**.

Direito ao Apagamento dos Dados Pessoais

O Titular tem o direito de obter, por parte da **Livraria LGPD**, o apagamento dos seus dados quando se aplique um dos seguintes motivos:

- Os dados pessoais do titular deixam de ser necessários para a finalidade que motivou a sua coleta ou tratamento, tendo alcançado a finalidade;
- Se o titular revogar o consentimento em que se baseia o tratamento dos dados e não existir outro fundamento jurídico para o referido tratamento;
- Se o titular tiver exercido o direito de oposição ao tratamento, já que esse foi realizado com fundamento em uma das hipóteses de dispensa de consentimento, em caso de descumprimento ao disposto nessa Lei.
- Alcançado o período final de tratamento informado pela livraria

Nos termos legais aplicáveis, a **Livraria LGPD** não tem a obrigação de apagar os dados do titular na medida em que o tratamento se revele necessário à execução de um contrato, no qual o titular dos dados é parte, ou ao cumprimento de uma obrigação legal, à qual a **Livraria LGPD** esteja sujeita para efeitos de declaração, exercício ou defesa de um direito da **Livraria LGPD** em um processo judicial.

Em caso de apagamento dos dados, a **Livraria LGPD** comunicará a cada destinatário a quem os dados tiverem sido transmitidos o respetivo apagamento, salvo se tal comunicação se revelar impossível ou implicar um esforço desproporcionado para a **Livraria LGPD.**

Quando a **Livraria LGPD** tiver tornado públicos os dados do titular e for obrigada a apagá-los, ela se comprometerá a assegurar as medidas que forem razoáveis, incluindo as de carácter técnico, tendo em consideração a tecnologia disponível e os custos da sua aplicação, para informar aos responsáveis pelo tratamento efetivo dos dados pessoais de que o titular lhes solicitou o apagamento de seus dados pessoais, bem como das cópias ou reproduções deles.

Direito de Portabilidade dos Dados Pessoais

O titular dos dados pessoais tem o direito de receber os dados que lhe digam respeito e que tenha fornecido à **Livraria LGPD,** concretamente os já identificados, em formato estruturado, de uso corrente e de leitura automática, e o direito de solicitar o compartilhamento desses dados a outro responsável pelo tratamento, se:

- O tratamento se basear no consentimento, ou num contrato de que o titular for parte; e o tratamento for realizado por meios automatizados.
- O titular tem o direito a que os dados pessoais sejam transmitidos diretamente entre os responsáveis pelo tratamento, sempre que for tecnicamente possível.

Direito de Oposição ao Tratamento

O Titular tem o direito de se opor ao tratamento dos dados pessoais a qualquer momento, por motivos relacionados com a sua situação particular, nos seguintes casos:

- Quando realizado com fundamento em uma das hipóteses de dispensa de consentimento, em caso de descumprimento ao disposto nessa Lei
- Quando a coleta e tratamento dos dados pessoais estiver embasada na prossecução de interesses legítimos pela **Livraria LGPD**, designadamente para efeitos de comercialização direta não relacionada com a execução do programa de fidelização Leitor LGPD, o que inclui a definição de perfis na medida em que estiver relacionada com essa comercialização direta;
- Quando o tratamento for efetuado para os fins que não sejam aqueles para os quais os dados pessoais foram coletados, incluindo a definição de perfis;
- Quando os dados pessoais forem tratados para fins estatísticos.

A **Livraria LGPD** cessará o tratamento dos dados do titular, salvo se apresentar razões imperiosas e legítimas para esse tratamento e que prevaleçam sobre os interesses, direitos e liberdades do titular, ou para efeitos de declaração, exercício ou defesa de um direito da **Livraria LGPD** em processo judicial.

Se o titular se opuser ao tratamento dos seus dados para efeitos de comercialização direta, a **Livraria LGPD** cessará o tratamento dos dados para esse fim.

O Titular tem ainda o direito de não ficar sujeito a nenhuma decisão tomada exclusivamente com base em tratamento automatizado, incluindo a definição de perfis, nos termos do art. 20, da LGPD, que produza efeitos na sua esfera jurídica, ou que o afete significativamente de forma similar, salvo se a decisão:

- For necessária para a celebração ou a execução de um contrato entre o Titular e a **Livraria LGPD.**
- For autorizada por legislação a que a **Livraria LGPD** estiver sujeita; ou com consentimento inequívoco do Titular.

TRANSFERÊNCIA INTERNACIONAL DE DADOS

Os Dados Pessoais do titular poderão ser transferidos e tratados em outros países, de acordo com as hipóteses previstas na LGPD e legislação aplicável, para as finalidades previstas nesta Política de Privacidade,

A título de exemplo os dados pessoais coletados e utilizados no site da **Livraria LGPD** serão disponibilizados a terceiros estabelecidos fora do Brasil, uma vez, que, os dados pessoais dos titulares são armazenados na empresa "Nuvem Europeia Web Services". A empresa "Nuvem Europeia Web Services" está seguindo todas as legislações de proteção de dados do seu país de origem, bem como a Lei Geral de Proteção de Dados brasileira (LGPD).

DADOS PESSOAIS DE CRIANÇAS E ADOLESCENTES

A **Livraria LGPD** solicita, coleta, processa, armazena e compartilha, dados pessoais de crianças e adolescentes menores de idade, com a empresa programa de fidelização **Leitor LGPD**. Os dados pessoais de crianças e adolescentes menores de idade, são coletados com o consentimento explícito dos seus pais ou dos responsáveis legais e única, e exclusivamente, para promoções de livros, sempre de acordo com a faixa etária.

A **Livraria LGPD** juntamente com a empresa de fidelização **Leitor LGPD**, aplicará todas as medidas técnicas para resguardar os dados dos menores. Esses dados não serão utilizados para outra finalidade a não ser envio de lançamento de livros de acordo com a faixa etária.

ENCARREGADO DE PROTEÇÃO DOS DADOS PESSOAIS (DPO)

O Encarregado de proteção dos Dados Pessoais (DPO), é o responsável pelo tratamento dos dados pessoais do titular na Livraria LGPD.

A função do Encarregado (DPO), na Livraria LGPD consistem em:

- aceitar reclamações e comunicações dos titulares, prestar esclarecimentos e adotar providências;
- Receber comunicações da Autoridade Nacional de Proteção de Dados Pessoais e adotar providências exigidas por ela;
- Orientar os funcionários e os contratados da entidade, a respeito das práticas a serem tomadas em relação à proteção de dados pessoais;
- Executar as demais atribuições determinadas pelo controlador, ou estabelecidas em normas complementares;
- Apoiar a comissão de proteção aos dados pessoais;

- Apoiar os treinamentos de privacidade e de proteção de dados pessoais;
- Dar apoio em todos os processos de incidente de segurança, bem como outras atribuições.

O titular dos dados poderá entrar em contato com o Encarregado de Proteção de dados (DPO), na pessoa da Sra. LGPD Carloto Guerra, por meio do site da Livraria LGPD www.livrarialgpd.com.br, *e-mail* dpo@livrarialgpd.com.br, telefone (00) 12345-6789 ou endereço físico da loja, Rua LGPD sempre atenta, número 13.709, Bairro adequação, Cidade Implementação, CEP 12.345-678.

MEDIDAS TÉCNICAS, ORGANIZATIVAS E DE SEGURANÇA IMPLEMENTADAS

Princípios da Segurança da Informação

O compromisso da **Livraria LGPD** é com o tratamento adequado e está fundamentado nos seguintes princípios da segurança da informação:

- Confidencialidade: o acesso à informação será obtido somente por pessoas autorizadas;
- Disponibilidade: as informações estarão disponíveis sempre que necessário;
- Integridade: garantir que as informações sejam precisas e corretas.

Para garantir a segurança dos dados dos titulares, a **Livraria LGPD**, atua com máxima confidencialidade, tratando as informações fornecidas de forma absolutamente confidencial, de acordo com as nossas políticas e procedimentos internos de segurança e confidencialidade, os quais serão sempre atualizados e de acordo com as necessidades, bem como de acordo com os termos e condições legalmente previstos.

Em função da natureza, do âmbito, do contexto e das finalidades do tratamento dos dados, bem como dos riscos decorrentes do tratamento para os direitos e liberdades do Titular, a **Livraria LGPD** compromete-se a aplicar, tanto no momento de definição dos meios de tratamento como no momento do próprio tratamento, as medidas técnicas e organizativas necessárias e adequadas à proteção dos Dados do Titular e ao cumprimento dos requisitos legais.

Compromete-se ainda a assegurar que, por defeito, só sejam tratados os dados que forem necessários para cada finalidade específica do tratamento e que esses dados não sejam disponibilizados sem intervenção humana a um número indeterminado de pessoas.

Em termos de medidas gerais, a Livraria LGPD adota as seguintes:

- Mecanismos capazes de assegurar a confidencialidade, integridade e disponibilidade da informação;
- Auditorias regulares, como objetivo de aferir-se sempre a maior eficácia das medidas técnicas e organizativas anteriormente implementadas;
- Sensibilização e formação do pessoal implicado nas operações de tratamento de dados;
- Mecanismos que asseguram o restabelecimento dos sistemas de informação e o acesso aos dados pessoais de forma atempada no caso de um incidente físico ou técnico.

INCIDENTE DE SEGURANÇA

Em caso de incidentes de segurança e na medida em que tal incidente venha a trazer um elevado risco para os direitos e liberdades do titular, a **Livraria LGPD** se compromete a comunicar o incidente imediatamente e em prazo razoável, como determinado pela Autoridade Nacional de Proteção de Dados, nos termos do art. 48, da LGPD.

UTILIZAÇÃO DE COOKIES

O que são cookies e qual a sua finalidade?

Os *cookies* são pequenos ficheiros de informação que são enviados para o seu computador ou celular quando visitado um *website*. Os *cookies* são enviados de volta ao *website* de origem em cada visita subsequente ou para outro *website* que reconheça esses cookies. Os *cookies* são úteis porque permitem que um *website* reconheça o dispositivo do titular, permitindo-lhe navegar eficientemente pelas páginas, recordando também as suas preferências e melhorando em geral a experiência do titular.

Alguns dos *cookies* emitidos pelo servidor terão apenas a duração da sessão e expirarão quando encerrar o browser.

Outros *cookies* são usados para recordar quando um titular regressa a um *website* e têm um período de duração maior. A maioria dos browsers aceitam *cookies* automaticamente.

Posso desativar os cookies?

O titular poderá modificar a configuração do seu browser para não aceitar ou para ser notificado cada vez que se crie um *cookie*.

A capacidade de ativar, desativar ou eliminar *cookies* também se pode efetuar no seu browser. Para isso, siga as instruções no seu *browser* (geralmente localizadas nas opções "Ajuda", "Ferramentas" ou "Editar"). Desativar um cookie ou uma categoria de cookies não apaga os cookies do seu browser, para tal necessita efetuar o apagamento manualmente.

Ao bloquear ou eliminar *cookies* usados pela **Livraria LGPD** é possível que não consiga desfrutar ao máximo das funcionalidades do nosso *website*

Cookies **utilizados pela Livraria LGPD**

- Funcionalidade – usados para a funcionalidade do site da Livraria LGPD, sendo um recurso fundamental.
- Segurança – para evitar fraudes na autenticação do usuário, protegendo-o quando este interagir com um serviço da Livraria LGPD.
- Personalização – usados para personalizar a experiência do usuário fornecendo conteúdo e recursos personalizados.

Para obter mais informação sobre *cookies,* incluindo como ver os *cookies* que foram criados no seu dispositivo e como geri-los ou eliminá-los utilizando diferentes tipos de browsers, acesse o site: www.allaboutcookies.org.

Alterações da Política de Privacidade

À **Livraria LGPD** reserva-se o direito de alterar a presente Política de Privacidade a todo tempo e periodicamente. Em caso de modificação da Política de Privacidade, a data da última alteração disponível no topo dessa página, será também atualizada.

Lei e Foro Aplicáveis

A Política de Privacidade, bem como a coleta, tratamento ou transmissão de Dados do titular, serão regidos pelo disposto na LGPD.

Quaisquer litígios decorrentes da validade, interpretação ou execução da Política de Privacidade, ou que estejam relacionados com a coleta, tratamento ou transmissão de Dados do titular.

A presente política foi aprovada no dia, mês e ano.

Assinatura (Alta gestão) Assinatura (Alta gestão)

Encarregado (DPO)

APÊNDICE E - Modelo de Política de Privacidade Interna (Funcionários)

Logo	TERMO DE USO E POLÍTICA DE PRIVACIDADE DE FUNCIONÁRIOS	Classificação: Interna
Versão		Data de emissão:

INTRODUÇÃO

Essa política tem como objetivo traduzir a missão da EMPRESA LGPD com a privacidade dos seus funcionários, dando transparência aos dados pessoais processados dentro desta.

A EMPRESA LGPD descreve os dados pessoais que pode coletar, como utiliza e protege esses dados e com quem os compartilha.

A presente política se destina a fornecer um aviso aos funcionários sobre tratamentos dos seus dados pessoais, em um esforço para estar em conformidade com as leis e regulamentos de privacidade.

A EMPRESA LGPD utiliza e divulga as informações pessoais ou dados no contexto de sua possível, atual ou anterior relação de emprego com a EMPRESA LGPD.

PRINCÍPIOS GERAIS APLICÁVEIS AO TRATAMENTO DE DADOS PESSOAIS DO TITULAR

Em termos de princípios gerais relativos ao tratamento de dados pessoais, a EMPRESA LGPD se compromete a assegurar que os dados dos titulares por si tratados terão:

- Um tratamento lícito e com transparência em relação aos dados dos titulares, incluindo os empregados.

- Os dados coletados para finalidades determinadas, explícitas e legítimas, não poderão posteriormente ser tratados de uma forma incompatível com a finalidade anteriormente informada.
- Os processamentos deverão ser adequados, pertinentes e limitados ao que é necessário relativamente às finalidades para as quais são tratados.
- Para atender ao princípio da qualidade dos dados esses deverão ser exatos e atualizados, sempre que necessário, sendo adotadas todas as medidas adequadas para que os dados inexatos sejam apagados ou retificados o mais rápido possível.
- Os dados deverão ser conservados de uma forma que permita a identificação do titular apenas durante o período necessário para as finalidades às quais os dados são tratados.
- Os dados deverão ser tratados de uma forma que garanta a sua segurança, incluindo-se proteção contra tratamento não autorizado ou ilícito e contra a sua perda, destruição ou danificação acidental, sendo adotadas as medidas técnicas ou organizativas adequadas.
- Os dados pessoais, em especial os dados de saúde, serão apenas tratados por aqueles que têm o dever de tratar estes dados, não sendo compartilhados para outros trabalhadores ou setores.

QUAIS INFORMAÇÕES NÓS COLETAMOS

Nós coletamos e processamos suas informações pessoais. Isso pode incluir, na medida do permitido pela lei, normas, regulamentos, decretos aplicáveis às relações do trabalho:

- Identificação pessoal e informações de comunicação: sua fotografia, nome, sexo, data de nascimento, PIS/PASEP, RG, CPF, seu endereço de correspondência pessoal, seu endereço de *e-mail*, seu número de telefone pessoal, seu número de identificação de funcionário, seus dados de contato profissional (telefone, endereço de *e-mail* e endereço físico), nacionalidade, *status* de imigração, cópias de documentos de identidade, exames médicos admissionais, periódicos e demissionais.

- Informações financeiras, detalhes de contato dos beneficiários de seguro de vida e / ou saúde ou outros benefícios, detalhes de contato em caso de emergência, estado civil, informações sobre membros da família (nome, data de nascimento, sexo e número da previdência social / número de identificação pessoal nacional) conforme necessário para a prestação de benefícios, garantias ou assistência em benefício do próprio titular ou terceiro.

- Informações relacionadas ao contrato de trabalho: cargo, remuneração, benefícios, experiência de trabalho, educação e qualificações, histórico de treinamentos, habilidades, relatórios de despesas (detalhes de despesas com carros da empresa ou pessoais, internet, telefone, alimentação, ao solicitar reembolso), informações atinentes à filiação sindical para descontos legais ou de convenções coletivas e planos de carreira.

- Informações relativas a afastamentos: licenças por doença, atestados médicos e outros documentos importantes para a concessão de benefícios; informações atinentes a exames admissionais, periódicos e demissionais, para o cumprimento de uma obrigação legal ou regulatória.
- Informações relativas à produção de cartões de identificação e monitoramento de funcionários: nome, telefone fixo, telefone celular, *e-mail* corporativo, ou outros controles de acesso e segurança, incluindo dados biométricos.

COMO USAMOS ESSAS INFORMAÇÕES E QUAL É A BASE LEGAL PARA ISSO?

Se coletarmos e obtivermos dados pessoais ou informações que precisam ser protegidas pela legislação ou regulamentação aplicável, cumpriremos todas as leis e regulamentações aplicáveis e somente usaremos essas informações na medida permitida por essas.

Coletamos os dados solicitados nos termos do decreto do eSocial para envio desses dados para cumprimento de uma obrigação legal ou regulatória.

Coletamos dados de saúde obtidos em decorrência de exames médicos admissionais, periódicos e demissionais em decorrência da legislação e como obrigação legal ou regulatória.

Na execução do contrato ainda processamos dados para firmar e cumprir um contrato de trabalho, ou permitir que você execute seu trabalho, ou ainda rescindir uma relação de trabalho. Isso inclui recrutamento e contratação, folha de pagamento e administração de benefícios, estabelecimento de seu direito ao trabalho, ausência do trabalho, tributação, remuneração, inclusive conta bancária.

Quando necessitamos de dados pessoais para cumprir obrigações legais ou contratuais, a comunicação desses dados torna-se obrigatória.

Nossa obrigação por cumprir as leis e regulamentos aplicáveis inclui nossa obrigação de obter o seu consentimento para coletar e obter informações sobre você que não coletaríamos ou obteríamos sem o seu consentimento para alguns tratamentos não essenciais da execução do contrato.

Serão apenas tratados mediante consentimento, com termo de consentimento coletado e o qual destacará a finalidade e será livre, informado e inequívoco, sem consequências negativas, ou prejuízos, no contexto laboral, pela negativa de consentimento, dados pessoais para fins comerciais, campanhas de marketing, revistas, aniversários do colaborador, ou outros que não sejam necessários para execução do contrato e o empregado possa não dar consentimento.

Para controles de acesso e segurança, incluindo dados biométricos, tais como impressões digitais para a proteção e tutela da saúde do titular ou terceiro e garantia da prevenção à fraude e à segurança do titular, nos processos de identificação e autenticação de cadastro em sistemas eletrônicos, resguardados os direitos mencionados no art. 9º dessa Lei e exceto no caso de prevalecerem direitos e liberdades fundamentais do titular que exijam a proteção dos dados pessoais.

Informações relativas ao monitoramento de funcionários, como telefone fixo corporativo, telefone celular corporativo, *e-mail* corporativo, Linkedin pós contratação para fiscalizar cláusula de não concorrência, ou redes profissionais (Linkedin) para encontrar talentos e avaliar capacidade para o cargo com base no legítimo interesse.

Em respeito à privacidade e de acordo com nossa Política de Segurança de Informações da Empresa LGPD.

Conduzimos investigações e ações disciplinares necessárias e outras ferramentas de relatórios éticos, anticorrupção e de conformidade, de acordo com as normas de *compliance*.

Dados necessários para o exercício regular de um direito em processo judicial, administrativo ou arbitral.

COM QUEM E ONDE COMPARTILHAREMOS ESSES DADOS?

Os dados pessoais poderão ser compartilhados com quaisquer órgãos do governo, sempre que o exigir a lei ou outras normas, incluindo-se o decreto do eSocial.

Os dados pessoais também poderão ser compartilhados com prestadores de serviços terceirizados, que os processarão em nosso nome e para os fins descritos nessa política. Os terceiros incluem, mas não estão limitados a provedores de serviços de folha de pagamento e recursos humanos, provedores de serviços de TI, agências de viagens e provedores de serviços de viagens, bancos, empresas de cartão de crédito, corretores, provedores de seguros médicos e de saúde, provedores de treinamento, sempre que houver necessidade desses tratamentos.

ONDE ENCONTRAR MAIS INFORMAÇÕES SOBRE COMO PROCESSAMOS SEUS DADOS?

Para obter mais informações sobre períodos de retenção, compartilhamento de dados, transferências internacionais, detalhes de contato e sua proteção de dados e política de privacidade de direitos de conformidade, consulte as perguntas frequentes sobre privacidade abaixo.

DIREITOS DOS TITULARES DOS DADOS PESSOAIS

Por meio da presente Política de Privacidade a **Empresa LGPD** prestará ao titular de dados pessoais as seguintes informações acerca da finalidade e do tratamento que será realizado relativamente aos dados pessoais:

Os contatos da **Empresa LGPD** estão indicados nesse *website*.

Os Dados Pessoais serão armazenados e conservados apenas pelo período necessário para as finalidades que motivaram a sua coleta ou o seu posterior tratamento, tendo como limite máximo o prazo prescricional previsto na lei, findo o qual estes serão eliminados.

O titular terá o direito de solicitar a confirmação da existência de tratamento, o acesso aos seus dados pessoais e à respetiva correção, bem como o direito de se opor ao seu tratamento se este for ilegítimo, nos termos do art. 18, parágrafo 2º, da LGPD.

Nos casos em que o tratamento dos dados coletados se basear no consentimento do titular, esse tem o direito de revogar o consentimento a qualquer momento, sem comprometer a licitude do tratamento efetuado com base no consentimento previamente dado, como já exposto anteriormente.

O titular tem o direito de apresentar reclamação junto à Autoridade Nacional de Proteção de Dados (ANPD).

No caso de os Dados do titular não serem coletados diretamente pela EMPRESA **LGPD,** junto ao titular, além das informações referidas acima, esse será informado acerca das categorias de dados pessoais objeto de tratamento e, bem assim, acerca da origem dos dados e, eventualmente, se provêm de fontes acessíveis ao público.

Caso a **EMPRESA LGPD** pretenda proceder ao tratamento posterior dos Dados do Titular, ou outros não previstos na presente política, deverá sempre informar para o qual os dados foram coletados, antes desse tratamento.

A Empresa **LGPD** garante os meios que permitam o acesso, pelo Titular, aos seus dados pessoais.

Mediante solicitação, a **Livraria LGPD** fornecerá ao titular, a título gratuito, uma cópia dos Dados do Titular que se encontram em fase de tratamento. O fornecimento de outras cópias solicitadas pelo Titular poderá acarretar custos administrativos.

O Titular tem o direito de solicitar, a qualquer momento, a correção ou retificação dos seus dados pessoais incompletos, inexatos ou desatualizados. Em caso de correção dos dados, a **Empresa LGPD** comunicará a cada destinatário a quem os dados tenham sido transmitidos ou compartilhados a respetiva correção, salvo se tal comunicação se vier a revelar impossível ou implicar um esforço desproporcionado.

DO TÉRMINO DO TRATAMENTO

O Titular tem o direito de obter, por parte da **Livraria LGPD**, o apagamento dos seus dados quando se aplique um dos seguintes motivos:

- Os dados pessoais do titular deixarem de ser necessários para a finalidade que motivou a sua coleta ou tratamento, tendo alcançado a finalidade;
- O titular revogar o consentimento em que se baseia o tratamento dos dados e não existir

outro fundamento jurídico para o referido tratamento;

- O titular tiver exercido o direito de oposição ao tratamento, já que o esse foi realizado com fundamento, em uma das hipóteses de dispensa de consentimento, em caso de descumprimento ao disposto nesta Lei.
- Alcançado o período final de tratamento informado pela **EMPRESA LGPD.**

Os dados pessoais serão eliminados após o término de seu tratamento, no âmbito e nos limites técnicos das atividades, autorizada a conservação para o cumprimento de obrigação legal ou regulatória pelo controlador.

- Pelo prazo prescricional trabalhista: 5 anos limitado a 2 anos após à extinção de contrato de trabalho: Art. 7º, inciso XXX, da CF/1988, e art. 11, da CLT.

- A prazo indeterminado: contrato de trabalho, livro ou ficha de registro de empregados e livro de inspeção de trabalho.

- Folha de pagamento e recibos de pagamento por 5 anos.

- FGTS por 5 anos (decisão do STF, Súmula n. 362, do TST, e nova redação da Lei n. 8.036/1990, art. 23ª, par. 3º.).

- Os dados obtidos nos exames médicos, incluindo avaliação clínica e exames complementares, as conclusões e as medidas aplicadas registrados em prontuário clínico individual, de responsabilidade do médico-coordenador do PCMSO (Programa de Controle Médico de Saúde Ocupacional): Período mínimo de 20 (vinte) anos após o desligamento do trabalhador. NR 7, item 7.4.5.1.

TRANSFERÊNCIA INTERNACIONAL DE DADOS

Os Dados Pessoais do titular poderão ser transferidos e tratados em outros países, de acordo com as hipóteses previstas na LGPD e legislação aplicável, para as finalidades previstas nesta Política de Privacidade.

A título de exemplo os dados pessoais coletados e utilizados no site da **EMPRESA LGPD** serão disponibilizados a terceiros estabelecidos fora do Brasil. Haja vista que os dados pessoais dos titulares são armazenados na empresa "Nuvem Europeia Web Services". A empresa "Nuvem Europeia Web Services" está seguindo todas as legislações de proteção de dados do seu país de origem, bem como a Lei Geral de proteção de Dados brasileira (LGPD).

DADOS PESSOAIS DE CRIANÇAS E ADOLESCENTES

A **EMPRESA LGPD,** solicita, coleta, processa, armazena e compartilha, dados pessoais de crianças e adolescentes menores de idade, na contratação de menores de idade a partir dos 16 anos, de aprendizes (a partir de 14 anos), para plano de saúde, os dados necessários para concessão de salário-família (certidão de nascimento do filho, caderneta de vacinação ou equivalente, quando o dependente tiver até seis anos de idade e comprovante de frequência escolar, quando o dependente tiver a partir de sete anos), entre outros que possam vir ser necessários na execução do contrato, ou em decorrência de uma obrigação legal ou regulatória. Tratamentos com consentimento, como para eventos da empresa, onde os menores possam participar, entre outros tratamentos, serão realizados apenas com o consentimento explícito dos seus pais ou dos responsáveis legais.

A **EMPRESA LGPD** aplicará todas as medidas técnicas para resguardar os dados dos menores. Esses dados não serão utilizados para outra finalidade.

INCIDENTE DE SERGURANÇA

Em caso de incidentes de segurança e na medida em que tal incidente venha a trazer um elevado risco para os direitos e liberdades do titular, a **EMPRESA LGPD** se compromete a comunicar o incidente imediatamente e em prazo razoável, como determinado pela Autoridade Nacional de Proteção de Dados, nos termos do art. 48, da LGPD.

UTILIZAÇÃO DE COOKIES

O que são *cookies* e qual a sua finalidade?

Os *cookies* são pequenos ficheiros de informação que são enviados para o seu computador ou celular quando um *website* é visitado. Os *cookies* são enviados de volta ao *website* de origem em cada visita subsequente ou para outro *website* que reconheça esses *cookies*. Os *cookies* são úteis porque permitem que um *website* reconheça o dispositivo do titular, permitindo-lhe navegar eficientemente pelas páginas, recordando também as suas preferências e melhorando em geral a experiência do titular.

Alguns dos *cookies* emitidos pelo servidor terão apenas a duração da sessão e expirarão quando encerrar o *browser*.

Outros *cookies* são usados para recordar quando um titular regressa a um *website* e têm um período de duração maior. A maioria dos *browsers* aceitam *cookies* automaticamente.

Posso desativar os *cookies*?

O titular poderá modificar a configuração do seu *browser* para não aceitar ou para ser notificado cada vez que se crie um *cookie*.

A capacidade de ativar, desativar ou eliminar *cookies* também se pode efetuar no seu *browser*. Para isso, siga as instruções no seu *browser* (geralmente localizadas nas opções "Ajuda", "Ferramentas" ou "Editar").

Desativar um *cookie* ou uma categoria de *cookies* não apaga os mesmos do seu browser, para tal necessita efetuar o apagamento manualmente. Este ajuste/apagamento, poderá implicar/bloquear *cookies* de outros sites.

Ao bloquear ou eliminar *cookies* usados pela **EMPRESA LGPD** é possível que não consiga desfrutar ao máximo das funcionalidades do nosso *website*

***Cookies* utilizados pela EMPRESA LGPD**

- Cookies de Sessão - São temporários, e como se fosse uma memória de curto prazo ao ingressar no site.
- Cookies Persistentes ou Primários - Este é como se fosse uma memória de longo prazo, que ajudará o usuário a lembrar suas informações toda vez que ingressar no site. Ele registra seu hábito de navegação.
- Funcionalidade - Usados para a funcionalidade do site, sendo um recurso fundamental, mas também armazena informações do usuário.

Pode obter mais informação sobre *cookies,* incluindo como ver os *cookies* que foram criados no seu dispositivo e como geri-los ou eliminá-los, usando diferentes tipos de *browsers*, acesse o site: www.allaboutcookies.org.

ALTERAÇÕES A ESSA POLÍTICA

A **EMPRESA LGPD** se reserva o direito de modificar essa política, periodicamente, sempre que necessário e para que essa reflita com precisão o ambiente legal e regulatório, além de nossos princípios de coleta de dados. Quando forem feitas alterações a essa política, a **EMPRESA LGPD** publicará a política revisada em nosso *website*.

LEI E FORO APLICÁVEIS

A Política de Privacidade, bem como a coleta, tratamento ou transmissão de Dados do Titular, serão regidos pelo disposto na LGPD.

Quaisquer litígios decorrentes da validade, interpretação ou execução da presente Política de Privacidade, ou que estejam relacionados com a coleta, tratamento ou transmissão de Dados do titular serão dirimidos nessa cidade, local de prestação de serviços, nos termos do art. 651, da CLT.

CONTATO	
Controlador/Empresa:	Livraria LGPD
Encarregado/DPO:	
Telefone:	
E-mail:	dpo@livrarialgpd.com.br
Endereço:	

A presente política foi aprovada no dia, mês e ano.

Assinatura (Alta gestão) Assinatura (Alta gestão)

Assinatura (Encarregado/DPO)

APÊNDICE F - Modelo de Política de Segurança da Informação - Funcionários

<table>
<tr><td>Logo</td><td rowspan="2">POLÍTICA DE SEGURANÇA DA INFORMAÇÃO - FUNCIONÁRIOS</td><td>Classificação: Interna</td></tr>
<tr><td>Versão</td><td>Data de Emissão:</td></tr>
</table>

OBJETIVO

O objetivo desta política de segurança da informação, voltada para os colaboradores, é a de demonstrar quais medidas técnicas e administrativas estão sendo adotadas pela organização pautadas na ética, transparência, segurança dos dados levando em conta os diversos ambientes de riscos que a empresa está sujeita.

A empresa adotara controles internos de segurança da informação para evitar qualquer tipo de vazamento de dados, a qual, todos os colaboradores deverão seguir.

LEI GERAL DE PROTEÇÃO DE DADOS - DOS DIREITOS E OBRIGAÇÕES DOS EMPREGADOS

Em consonância com a Lei n. 13.709/2018 os colaboradores da empresa **xxxxxx** deverão tomar medidas cabíveis a fim de assegurar que os dados sejam acessados e tratados de maneira adequada e sua utilização seja apenas por pessoas que realmente necessitem para suas tarefas, principalmente quando se tratar de dados pessoais sensíveis[(79)].

O tratamento de dados pessoais somente poderá ser realizado quando o colaborador se certificar que o titular dos dados consentiu a sua coleta e nas demais atividades

(79) Dado pessoal sensível: dado pessoal sobre origem racial ou étnica, convicção religiosa, opinião política, filiação a sindicato ou a organização de caráter religioso, filosófico ou político, dado referente à saúde ou à vida sexual, dado genético ou biométrico, quando vinculado a uma pessoa natural (Art. 5º, inciso II, da LGPD).

de tratamento dos dados, com a assinatura de termo de consentimento, ou com base em uma das demais hipóteses autorizadoras previstas na legislação de proteção de dados.

O titular dos dados pessoais tem direito a obter do controlador, em relação aos dados do titular por ele tratados, a qualquer momento e mediante requisição:

- confirmação da existência de tratamento;
- acesso aos dados em virtude do princípio do livre acesso;
- correção de dados incompletos, inexatos ou desatualizados;
- eliminação dos dados pessoais tratados com o consentimento do titular sempre que solicitada;
- informação das entidades públicas e privadas com as quais o controlador realizou uso compartilhado de dados;
- revogação do consentimento sem custos para o titular, quando esta for a hipótese legal de tratamento.

ATRIBUIÇÕES E RESPONSABILIDADES GERAIS

O colaborador deverá cumprir com o máximo empenho, qualidade técnica e assiduidade todas as obrigações de seu contrato de trabalho, aproveitando todas as oportunidades de capacitação permanente e treinamentos, inclusive sobre a nova política de privacidade e proteção dos dados pessoais.

O colaborador deverá respeitar o sigilo profissional, salvo quando autorizado ou exigido por lei.

O colaborador deverá assegurar o uso adequado do patrimônio seja material ou imaterial, atendendo ao seu propósito legítimo.

O colaborador deverá agir de forma honesta e digna, sem qualquer tipo de discriminação de classe social, cor, gênero, opção sexual, origem, raça, idade, religião, estado civil, condição física com todas as pessoas com as quais se relacionam, internamente e externamente.

O colaborador deverá utilizar adequadamente os Canais de Denúncia ou Comunicação mantidos pela empresa.

O colaborador carrega consigo a imagem da empresa, não sendo toleradas condutas que violem a ética, moral e as leis vigentes tanto no ambiente do trabalho quanto fora dele.

O colaborador deverá preservar a imagem e reputação da empresa seguindo o código de ética/conduta, bem como as políticas de privacidades, e jamais utilizá-lo para obter qualquer tipo de vantagem pessoal.

Será expressamente vedado solicitar, obter ou receber, para si ou para terceiros, ou mesmo prometer, oferecer ou dar vantagens indevidas decorrentes de cargo ou função ocupado nos quadros da empresa.

As condutas acima serão tratadas com o rigor necessário, independente de ocorrerem dentro ou fora das dependências da empresa, sempre que atinentes ao trabalho ou durante o trabalho.

Específicas

Termo de Confidencialidade ou de não divulgação

Todos os colaboradores ao ingressarem na organização, antes de terem acesso aos recursos de processamento, receberão termo de confidencialidade ou de não divulgação das informações. Esse será assinado pelo empregado e armazenado com sua ficha cadastral. O empregado receberá uma cópia do presente termo.

Acesso aos sistemas e senhas

A empresa adotará regras apropriadas de controle de acesso, com nível de detalhe para prevenir a segurança dos dados.

O empregado somente terá acesso às informações restritas à sua função, não tendo permissões para as demais informações da organização.

A empresa fornecerá ao colaborador a senha temporária para o primeiro acesso (*log in*) ao sistema, devendo essa ser trocada imediatamente após o primeiro acesso. O colaborador não poderá utilizar senhas como nome, data de aniversário ou outra equivalente, para evitar acesso indevido.

O colaborador está PROIBIDO de repassar sua senha, crachá, token, para qualquer colega de trabalho, sob pena de infringir a presente política.

A empresa adotará sistema de gerenciamento de senha.

Caso ocorra o desligamento do empregado, a empresa adotará medidas de segurança para restringir o acesso imediatamente aos sistemas evitando qualquer vazamento de dados.

Segurança do ambiente

A empresa adota medidas de controle de acesso aos setores, onde mantém os dados pessoais dos titulares. Cada empregado terá acesso apenas ao seu setor, no qual trabalha, salas de reunião, onde não poderão ser deixados dados pessoais e/ou outros em que de fato esteja sendo realizada uma tarefa necessária. Somente terão acessos aos departamentos de RH, financeiro, TI, empregados destes setores, pois essas áreas contêm informações críticas ou sensíveis.

Política de mesa limpa e tela limpa

A empresa adotará medidas de mesa limpa para papéis e mídias de armazenamento removíveis e a tela limpa para os recursos de processamento.

Os empregados deverão manter a mesa limpa, sem dados de pessoais naturais, empregados ou clientes, além da tela limpa, a qual deverá estar sempre fechada quando o colaborador abandone o posto de trabalho.

Informações em papel de dados pessoais críticos ou sensíveis deverão ser guardados em locais seguros como cofres, armários com senha ou outra forma de mobília, especialmente quando o colaborador se ausentar do ambiente de trabalho.

De forma alguma será permitido que o colaborador se ausente do seu ambiente de trabalho sem travar a tela do seu computador, bem como deixando sobre a mesa papéis que contenham informações de titulares de dados. A ausência sem o bloqueio da tela, bem como deixar espalhados papéis sobre a mesa, implicará nas sanções presentes nesta política.

Dos ativos

Os ativos da organização devem ser usados exclusivamente dentro da Empresa, e é de responsabilidade de todos os colaboradores zelar por eles.

Impressão de documentos

A empresa adotara senha para impressão de documentos. O colaborador, ao imprimir os documentos, deverá retirá-los de imediato da impressora.

Utilização de *e-mail* e outros fins

A utilização de *e-mail* e outros fins dentro da organização deverá ser utilizado única e exclusivamente para o trabalho. Não será permito acesso a *e-mails* e sites pessoais dentro do ambiente de trabalho.

A empresa utiliza ferramentas de monitoramento dos acessos dos colaboradores. Este monitoramento tem a finalidade de mitigar riscos de vazamento de dados pessoais, por algum tipo de acesso a sites indevidos ou *e-mail* com spam, que porventura venha comprometer a segurança das informações.

Será expressamente vedado o acesso de banco de dados de outro colaborador e ao qual aquele não estiver autorizado a acessar.

Descarte em geral

O empregado não poderá, de forma alguma, descartar qualquer mídia, devendo comunicar ao setor de segurança ou equivalente, para que eles descartem com procedimentos seguros.

Dispositivos móveis - Trabalho Remoto

Em virtude do novo cenário mundial, diversos empregados foram transferidos do seu ambiente de trabalho presencial para o remoto (residência). Dessa forma, os empregados levaram para suas residências dispositivos móveis, como notebook, tokens, entre outros.

A empresa adotou medidas técnicas de segurança para proteção dos dados pessoais, como: **xxxxxxx**. Em contrapartida o empregado, deverá manter o dispositivo móvel em local seguro, não acessível para os demais membros da residência, visto que o equipamento é único e exclusivo para o trabalho. Além do mais, o dispositivo conta com informações confidenciais da organização, na qual o empregado tem o dever de resguardar. Diante do exposto, fica vedado a utilização destes equipamentos para terceiros.

O desrespeito às normas dessa política de segurança da informação poderá dar ensejo às sanções disciplinares previstas no 482 da CLT.

PROGRAMA DE CONSCIENTIZAÇÃO, EDUCAÇÃO E TREINAMENTO EM SEGURANÇA DA INFORMAÇÃO

O programa de conscientização, educação e treinamento para os colaboradores, tem o intuito de explicar para estes o porquê da segurança da informação.

É importante que todos os colaboradores entendam o objetivo da segurança da informação e os impactos positivos e negativos para a empresa.

Esse programa de conscientização ocorrerá da seguinte forma:

Treinamento (Admissão): Todos os colaboradores recém contratados, deverão realizar os treinamentos iniciais, bem como receber, ler e assinar todas as políticas internas da organização. Nenhum colaborador iniciará suas atividades, sem antes realizar e ter ciência de todas as políticas internas e externas, bem como sanções pelo descumprimento.

Treinamento: Os treinamentos de capacitação inicial ocorrerão nos setores individualizados ou em conjunto conforme cronograma anexado à presente Política de Privacidade e Segurança da Informação voltada para os empregados.

Reciclagem: Os treinamentos de capacitação serão repetidos a cada xxx meses, conforme cronograma anexo à presente Política.

Processo de adequação: Treinamento dedicado aos colaboradores que agiram ou estiveram envolvidos em condutas não éticas, formados por sessões de conscientização e advertência ou outras sanções disciplinares, na ordem pedagógica.

Treinamento de Implementação: Os colaboradores receberão treinamento de capacitação decorrente da adequação/implementação da LGPD. Após os treinamentos, os colaboradores serão submetidos a uma avaliação do treinamento. Caso o empregado não atinja a pontuação necessária, ele, passará por um novo treinamento de capacitação.

Material de Apoio: Durante os treinamentos, serão distribuídos materiais de apoio com as principais dúvidas e respostas, juntamente com uma cópia da presente Política de Privacidade em Segurança da Informação.

Os treinamentos serão realizados pelo Comitê de Proteção de Dados Pessoais, bem como por empresas de consultoria.

CANAL DE NOTIFICAÇÃO - PROTEÇÃO DE DADOS

O Canal de notificação da empresa é uma ferramenta disponível, anônima e independente, que devem ser utilizados pelos colaboradores, fornecedores, clientes e parceiros de negócios para esclarecer dúvidas, relatar ou denunciar alguma informação que, eventualmente possa gerar questionamentos sobre Conduta e Ética, ou outros atos ilícitos dentro da empresa, como o vazamento de dados pessoais dos titulares.

O canal é uma ferramenta independente, sigilosa e imparcial e estará acessível em nosso site e por meio de urnas e caixas de sugestão, com a identificação canal de denúncia e cadeados, para a proteção do denunciante, nas dependências da empresa. Caso queira, poderá ainda ser utilizado o *e-mail*: **xxxxxxx.**

É importante que o colaborador reporte ao canal suspeitas de violação a esse Código ou às políticas da empresa imediatamente, por meio de quaisquer dos canais acima.

A Empresa **xxxxxx** por meio do seu Programa de Integridade e Segurança da Informação, garante o anonimato e não retaliação ao profissional de boa-fé.

FISCALIZAÇÃO E EFETIVIDADE

A observância das presentes diretrizes será verificada pelo Comitê de proteção de Dados Pessoais, os quais manterão relatórios mensais sobre os apontamentos e melhorias.

DO TRATAMENTO ÀS NÃO CONFORMIDADES

Identificada uma não conformidade, seja pelo Canal de Notificação, Comitê de Proteção de Dados ou qualquer outro meio, deverá ser dado o imediato tratamento com a adoção de medidas coercitivas e reparadoras em no máximo 5 dias úteis do registro.

CONFIDENCIALIDADE E PRIVACIDADE

A Empresa **xxxxxx** preza pela privacidade e confidencialidade das informações dos colaboradores.

A organização estabelece controles e processos internos para manter os dados pessoais dos titulares sob sigilo.

O uso ou a divulgação não autorizada de informações confidenciais é crime e poderá resultar em sanções civis e penais. É dever do usuário comunicar imediatamente às áreas de TI e *Compliance*, Segurança da Informação, ao tomar conhecimento da utilização inadequada de algum recurso fornecido pela Empresa **xxxxx.**

SANÇÕES E PROCESSO DE ADEQUAÇÃO

Todo colaborador que agir, ou estiver envolvido, em condutas não éticas, estará sujeito às seguintes medidas:

- Advertência e processo de adequação, no caso de condutas leves, consideradas aquelas que não geram risco ao cliente e não representem qualquer infração ética ou legal;
- Suspensão e processo de adequação, na reincidência de condutas leves, ou em decorrência de proporcionalidade na sanção disciplinar;
- Demissão por justa causa, sem prejuízo das ações cíveis e penais cabíveis, nos casos de condutas contrárias à presente Política de Segurança da Informação, ou à Lei.

Todas as medidas mencionadas anteriormente, passarão por um processo disciplinar justo e correto para averiguar se de fato o colaborador cometeu violação de segurança da informação. O colaborador terá o direito de defesa do seu ato.

CONDIÇÕES GERAIS

Esta Política não esgota todas as possíveis questões éticas relacionadas à atividade empresarial, não restringindo eventuais medidas coercitivas a qualquer conduta que ofenda o bom senso, a ética e a moral.

A presente Política entra em vigor, a partir de sua divulgação, sem previsão para término, devendo ser revisado periodicamente, ou no mínimo, a cada uma vez ao ano.

Quando forem feitas alterações a essa política, a EMPRESA **xxxxx** publicará a política revisada para todos os colaboradores por meio de canais internos.

LEI E FORO APLICÁVEIS

A Política de Privacidade, bem como a coleta, tratamento ou transmissão de Dados do Titular, serão regidos pelo disposto na LGPD.

Quaisquer litígios decorrentes da validade, interpretação, ou execução da presente Política de Privacidade, ou que estejam relacionados com a coleta, tratamento ou transmissão de Dados do titular serão dirimidos nessa cidade, local de prestação de serviços, nos termos do art. 651, da CLT.

CONTATO	
Controlador/Empresa:	
Encarregado/DPO:	
Telefone:	
E-mail:	
Endereço:	

A presente política foi aprovada no dia, mês e ano.

Assinatura (Alta gestão) Assinatura (Encarregado/ DPO)

Assinatura (Gerente de SI). Assinatura (Colaborador)

APÊNDICE G - Termo de nomeação de Encarregado de Proteção de Dados Pessoais (DPO)

TERMO DE NOMEAÇÃO DE ENCARREGADO (DPO)

A alta direção da Livraria LGPD designa como Encarregado de Proteção de Dados Pessoais (DPO), o/a Sr(a). xxxxxxxxxx, matrícula n. xxx, que, independentemente de outras funções, terá autoridade e responsabilidade para:

- Aceitar reclamações e comunicações dos titulares, prestar esclarecimentos e adotar providências;
- Receber comunicações da Autoridade Nacional de Proteção de Dados Pessoais e adotar providências;
- Orientar os funcionários e os contratados da entidade a respeito das práticas a serem tomadas em relação à proteção de dados pessoais;
- Executar as demais atribuições determinadas pelo controlador ou estabelecidas em normas complementares.

O Encarregado/ DPO se compromete a seguir todos os princípios regidos pela LGPD.

Compromete-se a agir com lealdade, ética, responsabilidade, transparência e não se influenciar por questões alheias ao processo, devendo sempre pautar com clareza as suas informações.

O Encarregado/DPO se compromete a manter, como confidenciais, todas as informações que lhes forem fornecidas, salvo quando houver qualquer tipo de vazamento, e este for obrigado a fornecer informações para Autoridade Nacional de Proteção de Dados Pessoais, bem como para outros órgãos que a lei exigir e os titulares.

O Encarregado/DPO não poderá, de forma alguma, divulgar informações da empresa, sob pena de responsabilidade civil e criminal pela quebra de confidencialidade a que der causa, podendo responder por perdas e danos se a empresa vir a sofrer eventuais prejuízos causados em razão do descumprimento do dever de confidencialidade.

Cidade, dia, mês e ano

Nome da empresa

(CNPJ)

Nome do representante legal

(Diretoria)

Nome do representante legal

(Diretoria)

Nome do Encarregado

Matrícula n.

APÊNDICE H - Resposta do exercício prático - case

MEDIDAS ADMINISTRATIVAS - JURÍDICO

"...Venda por meio de plataforma on-line"

É indispensável realizar-se uma auditoria de conformidade e adequação com a empresa terceirizada ("recrutamento.br"), bem como a elaboração de cláusulas contratuais pertinentes à privacidade e à segurança dos dados. Deverá ser feita uma auditoria nos sistemas da empresa e verificar os documentos necessários para adequação, incluindo eventuais RIPDs e ROPA das atividades de tratamento realizadas em nome de um Controlador.

"...Os backups da livraria LGPD ficam na União Europeia"

A Livraria LGPD deverá solicitar uma auditória de adequação e conformidade com a empresa de Backups. Essa deverá terá de informar que está seguindo todos os critérios exigidos tanto pela GDPR, como pela LGPD. A Livraria deverá adequar os seus contratos. Deverá ser feita uma auditoria nos sistemas da empresa e nos documentos necessários para adequação, incluindo eventuais RIPDs e ROPA das atividades de tratamento realizadas em nome de um Controlador.

> Deverá assim, ser garantido um nível de proteção pela empresa estrangeira adequado ao previsto na LGPD, incluindo a garantia de cumprimento dos princípios, dos direitos do titular e do regime de proteção de dados, com cláusulas contratuais específicas para determinada transferência, com cláusulas-padrão contratuais, com normas corporativas globais e mesmo selos, certificados e códigos de conduta regularmente emitidos.

"...Currículos fisicamente (recepção/colaborador indicação)"

No que tange à coleta de currículo, na recepção, ou por meio da entrega de algum colaborador, a livraria LGPD deverá rever esse processo, pois os currículos detêm informações pessoais dos candidatos, como: nome completo, endereço, telefone, formação acadêmica, formação profissional, bem como outras informações e, às vezes, mesmo dados pessoais sensíveis. Os currículos podem ser tratados como procedimentos preliminares para a execução de um contrato, a pedido do titular. Ocorre primeiramente que esta base legal não poderá ser utilizada para o tratamento de dados sensíveis e já teríamos aqui um problema neste tratamento, já que muitas vezes são entregues currículos mesmo com fotos, as quais incluem atributos biométricos, sendo dados pessoais sensíveis.

Nessa esteira, no mínimo, a empresa deverá criar um modelo de currículo sem coleta de dados sensíveis e com as informações estritamente necessárias para a aptidão de uma vaga.

Outra opção e a mais indicada para adequação à LGPD, incluindo todos seus princípios, tratando-se apenas os dados necessários e para uma finalidade específica, não correndo riscos desnecessários, em termos de segurança, seria fazer um *checklist* com os dados necessários para cada vaga e elaborar fichas de solicitação de vaga de emprego ou, da mesma forma, no site da empresa, colocar ícones para acesso ao cadastro de questionário com os dados necessários para cada vaga oferecida.

Além dos cuidados e preocupação com o atendimento aos princípios da finalidade e necessidade, é indispensável, que este documento seja apenas armazenado pelo tempo necessário e após o tempo de guarda, ou à finalidade específica alcançada, a empresa deverá descartá-los. Esse descarte deverá ser realizado por meio de uma empresa certificada de descarte ou no caso de uma empresa de pequeno porte, uma fragmentadora ou picotadeira de papel, evitando-se um vazamento de dados em meios físicos.

A empresa, de forma alguma, poderá utilizar esse currículo como meio de rascunho.

Continuando, quando a empresa coletar o currículo minimizado (seguindo-se o modelo) fisicamente, deverá guardá-lo em local seguro, como cofres, ou armário com senha e, somente terá acesso a esse, a pessoa responsável pelo processo de recrutamento. Recomendável, que se crie um termo de responsabilidade para esse colaborador, pela guarda e não compartilhamento e divulgação a qualquer pessoa que não faz parte do processo.

Se esse currículo for entregue na recepção o/a colaborador/a que o receber deverá estar treinado para apenas receber currículos sem dados sensíveis ou desnecessários e de acordo com o modelo indicado, ou melhor, para entregar uma ficha de solicitação de vaga de emprego para a vaga que está sendo solicitada. Esse/a colaborador/a deverá guardar a ficha de solicitação de vaga de emprego, ou o currículo minimizado, em uma gaveta com cadeado, até que a pessoa responsável pelo tratamento o vá retirar, assegurando a política da mesa limpa e evitando qualquer vazamento de dados dos candidatos à vaga de emprego.

Esse tipo de processo, tanto físico quanto eletrônico, deverá ser registrado em sua política interna, dando transparência para todos os colaboradores, parceiros e terceiros da organização.

"...Guardar todos os currículos impressos em um armário no setor de RH por tempo indeterminado"

Um dos erros que a livraria LGPD comete, no nosso caso concreto, é guardar os currículos por um tempo indeterminado. A LGPD traz um capítulo próprio para tratar do término do tratamento dos dados pessoais, ou seja, a empresa não poderá ficar armazenando dados dos titulares após atingida a finalidade ou o tempo informado ao titular, para o qual deverá existir uma agenda de retenção, a não ser que exista uma norma própria que determine a guarda por prazo indeterminado, ou que os dados sejam anonimizados, nos termos do art. 16, da LGPD, o que não é o caso do currículo ou de uma ficha de solicitação de vaga de emprego.

Lembremos que o currículo, com a LGPD, não é a melhor opção para um processo seletivo, já que o candidato poderá solicitar o tratamento de vários dados desnecessários e ainda que seja considerada a base legal providências preliminares para a execução de um contrato, nos termos do art. 7, inciso V, da LGPD, não poderíamos tratar dados pessoais sensíveis com essa base, já que esta não se repete no art. 11, da LGPD (bases legais de dados sensíveis), fora o risco desnecessário de um incidente por tratamento de dados indevidos.

Reforçamos que a empresa faça um *checklist* e separe as vagas de acordo com os dados necessários para a aptidão do cargo e no site da empresa, como se fossem caixinhas para cada vaga existente na empresa, no campo "trabalhe conosco". O mesmo poderá ser praticado, em processo seletivo físico, por fichas de processo seletivo.

"...Site (plataforma on-line)".

A Livraria LGPD deverá solicitar uma auditória de adequação e conformidade com a empresa que rege a plataforma, ela deverá informar que está seguindo todos os critérios exigidos pela GDPR e LGPD. A Livraria deverá adequar os seus contratos. Deverá ser feita uma auditoria nos sistemas da empresa e verificar documentos necessários para adequação, incluindo eventuais RIPDs e ROPA das atividades de tratamento realizadas em nome de um Controlador.

"...Rede social LinkedIn"

O currículo por LinkedIn, que é uma rede profissional, poderá ser tratado sem consentimento, como dispõe o art. 7, par. 3º e 4º, desde que sempre observada a boa-fé e a finalidade para o qual foi postado o CV no LinkedIn. Não será solicitado o tratamento pelo titular dos dados pessoais, não sendo procedimento preliminar para a execução de um contrato a pedido do titular, nos termos do art. 7, inciso V, já que os dados pessoais são públicos e estarão sendo tratados de acordo com o propósito de uma rede profissional criada para novas parcerias, promoção profissional e contatos profissionais. Seria por exemplo ilegal e contrário à LGPD, tratar-se dados postados em uma rede profissional, como o LinkedIn, para uma campanha de marketing ou comercial.

A busca de dados pessoais e elementos para a aptidão de um cargo, em redes profissionais, será possível com base no legítimo interesse do controlador e não ofenderá os direitos do titular. Não se poderia fazer busca de contatos, ou analisar perfil de candidatos em redes pessoais, como o Facebook, entre outras. Sempre se deverá atender à finalidade e dar transparência, informando os tratamentos realizados na empresa com os dados de candidatos, assim como de outros titulares.

"...WhatsApp"

Recomendável que a Livraria LGPD não colete currículos ou vídeos de candidatos por meio deste. Caso a empresa insista em coletar as informações por esse meio, ela deverá, juntamente com os profissionais de TI e Segurança da Informação, elaborar uma ferramenta própria para coleta dos dados, como exemplo um *chatbot*.

"...Coleta de vídeo do candidato"

Quanto ao vídeo, esse é um dado pessoal sensível, que não se poderia justificar como procedimentos preliminares para a execução de um contrato, já que estamos diante de atributos biométricos.

A base legal seria o art. 11 (dados sensíveis), e o consentimento não seria possível, já que o candidato, caso não o desse, perderia a vaga de emprego, logo o consentimento não seria livre e inequívoco. Outra problemática, o vídeo poderia ser utilizado parar fins discriminatórios, para deixar de contratar o trabalhador, já que por esse poderão ser aferidas várias características de potencial discriminatório, ofendendo o art. 6, inciso IX, da LGPD.

Devemos devolver sempre a pergunta para a empresa: **qual a necessidade de coletar vídeos de possíveis candidatos no processo de seleção?** Essa pergunta deverá vir juntamente com uma análise de risco, pois coletar dados desnecessários é estar em desconformidade com a proteção dos dados pessoais, ainda mais quando se trata de dados pessoais sensíveis desnecessárias para avaliar-se a aptidão para a vaga.

Caso a empresa insista em utilizar os vídeos mesmo após análise de risco, o que não se aconselha por tudo já ponderado, ela deverá realizar um RIPD, e quando não mais necessitar da utilização, ou seja, optar pela exclusão, ela deverá aplicar processo automatizado para remoção dos dados, de forma correta.

"...Terceirização de parte do processo - Empresa de recrutamento e seleção "Recrutamento.br"

Neste ponto, é recomendável voltar no item que trata da gestão de terceiros, pois as empresas, precisaram realizar uma análise de risco com seus terceiros/fornecedores para verificar a conformidade (*compliance*) com a privacidade e proteção dos dados pessoais e não apenas, não obstante indispensável, incluir cláusulas em contratos de terceiros.

"...A empresa "Recrutamento.br" utiliza processo automatizado de seleção"

No que diz respeito ao processo automatizado, a Livraria LGPD deverá realizar uma auditoria ou solicitar da empresa de recrutamento e seleção um parecer técnico sobre o uso da ferramenta de processo automatizado, pois a LGPD é clara em seu art. 20, quando aduz que o titular tem direito à informação clara e adequada, concernente ao processo automatizado, inclusive solicitar a revisão, caso não concorde com o processo, ou se houver suspeita de aspectos discriminatórios. Dessa forma, a Livraria não poderá pactuar com processos que possam afetar os dados pessoais do titular. Assim, é necessário a revisão contratual (auditoria/parecer), com a empresa de recrutamento, para saber se a mesma está seguindo todos os critérios de privacidade e proteção dos dados pessoais, sem atingir a honra e imagem do titular, ou qualquer prática discriminatória.

Empresas grandes, como o Google e a Amazon, como mencionamos em nesta obra, em capítulo sobre tratamento automatizado, já tiveram problema com utilização de uma inteligência artificial durante um processo seletivo, a qual discriminava a palavra "feminino". Há tendência de se potencializar a discriminação em processos seletivos automatizados.

É recomendável a elaboração de um RIPD/DPIA, bem como uma avaliação de risco.

Como se trata de decisões automatizadas, a ANPD poderá realizar auditoria para verificação de aspectos discriminatórios no tratamento automatizado.

"...Utiliza de um sistema altamente tecnológico na entrada da loja, como catracas com a coleta da biometria"

Conforme relatado, no caso, a Livraria LGPD utiliza a coleta de biometria dos colaboradores quando ingressam na organização.

Um erro de várias empresas é achar que, por se tratar de dados sensíveis (biometria), a empresa precisará pedir o consentimento do colaborador. Entretanto, não é bem assim, pois a LGPD em seu art. 11, inciso II, letra e, g, respectivamente, aduz que os dados poderão ser coletados para a proteção à vida, bem como para a segurança do titular, nos processos de identificação e autenticação de cadastros, em sistemas eletrônicos, desde que resguardem os direitos mencionados no art. 9º da mesma Lei.

Um ponto importante, que deve ser tratado aqui, é sobre o tempo de guarda dessa biometria do colaborar, parceiro ou terceiro. Não é porque existe uma base legal, que a empresa ficará com esses dados por tempo indeterminado, pois a coleta da biometria tem a finalidade de ingresso na organização, bem como para resguardar a segurança, mas caso o titular não se encontre mais na organização, não há motivos para a guarda desse dado sensível. Logo, deverá haver um processo automatizado para remoção dos dados quando não forem mais utilizados. A empresa, só não irá descartar os dados, se tiver uma base legal que exija a guarda.

Lembrando que esta base legal, deverá constar no mapeamento de dados realizados pela organização no momento de adequação/implementação da LGPD, conforme já explanado nos tópicos acima.

"...Imagem de seus funcionários para campanhas de marketing durante a execução do contrato"

Outro erro grave que a Livraria LGPD comete é a coleta de imagens dos colaboradores para fins de marketing, sem qualquer consentimento.

A Livraria LGPD ou qualquer empresa seja de grande, médio ou pequeno porte, quando desejar utilizar a imagem do colaborador para fins de marketing deverá pedir o seu consentimento. Aqui o consentimento, se dado pelo empregado, será válido já que não haverá prejuízo para o titular (empregado) pela negativa desse. Tem de haver transparência e consentimento livre, inequívoco e informado. Não é porque a empresa está já tratando os dados que poderá utilizá-los para outras finalidades sem informar o titular e sem dar transparência. Cada fluxo e finalidade demandará a análise de uma nova base legal e de todos os princípios da LGPD, simultaneamente, incluindo transparência e segurança no tratamento de dados.

A empresa, quando necessitar deste tipo de atividade, não poderá pressionar o colaborar, ou colocá-lo em situação de discriminação, ou abusos.

A título de exemplo, caso a empresa realize algum tipo de gravação para fins de marketing, ela deverá comunicar a todos os envolvidos, a finalidade da gravação, o tempo de guarda e com quem será compartilhada. Os funcionários/ colaboradores, parceiros e terceiros, deverão ter a opção de participar ou não. Aqueles que não participarem deverão ser realocados em locais de não acesso, e não poderão de forma alguma ser penalizados.

BÔNUS

MEDIDAS TÉCNICAS[80]

"...VENDAS PELO E-COMMERCE"

A utilização da Computação em Nuvem traz diversos benefícios, entre eles:

- Diminuição de custos;
- Agilidade na implementação;
- Substituição do Capex pelo Opex;
- Segurança da Informação;
- Facilidade em adequação a GDPR, LGPD e outros;

"E-Commerce"

É uma aplicação distribuída, executada na nuvem da Amazon Web Services (AWS).

"Alta Disponibilidade"

O sistema de vendas é baseado em um grupo de *Autoscaling* para os servidores de aplicação, assegurando-se a capacidade de processamento adequada, conforme a demanda.

(80) O parecer técnico da presente questão foi elaborado por Adiel Ribeiro (DPO) – (NUVYM). Site: <https://www.linkedin.com/company/nuvym-cloud/>. O parecer técnico foi baseado na ISO 27001, ISO 27701 e AWS LGPD Compliance, NIST Cybersecurity Framework (CSF).

O grupo de servidores de Autoscaling está atrás de um *Application Load Balancer* (ALB), que faz apenas o roteamento de tráfego WEB para servidores operacionais, evitando-se requisições não atendidas.

"Segurança do site"

O ALB usa um certificado HTTPS, que garante a identidade do site e a criptografia dos dados em trânsito, assegurando-se a confidencialidade e integridade dos dados.

O tráfego do ALB é filtrado e permitido apenas para instâncias EC2 específicas (servidores), registradas para a aplicação. Ele passa pela rede interna da AWS até os respectivos servidores, que estão em uma rede privada, evitando-se acesso direto da internet aos servidores.

"Firewall"

Também há um *Web Application Firewall* (WAF) e um *firewall* de rede, na interface pública do ALB, evitando-se vários tipos de ataques conhecidos nas camadas de aplicação e de rede, como uma medida adicional de segurança contra vazamento de dados.

"Segurança no armazenamento de dados"

Os servidores de aplicação armazenam os dados em um *Elastic File System* (EFS), que assegura a disponibilidade dos dados por meio da infraestrutura georredundante da AWS e a confidencialidade via criptografia com o serviço de Gerenciamento de Chaves da AWS, o KMS.

Também há filtro de tráfego, permitindo-se somente servidores de aplicação autorizados a acessarem os respectivos dados no EFS.

"Banco de Dados"

Há também uma outra parte da aplicação que fica armazenada no banco de dados Aurora da AWS, que assegura a disponibilidade por meio da infraestrutura georredundante da AWS.

A confidencialidade desses dados é garantida pela criptografia por intermédio do KMS.

"Segurança de acesso da aplicação aos dados"

O acesso dos servidores de aplicação tanto ao armazenamento no EFS quanto nos bancos de dados Aurora, que também estão em uma rede isolada, são feitos pela rede interna da AWS, evitando-se ataques da internet e com uma camada adicional de segurança, com criptografia, garantindo a confidencialidade e integridade dos dados em trânsito.

Também há filtro de tráfego, permitindo-se somente servidores de aplicação autorizados a acessarem os respectivos bancos de dados.

Essa medida evita acesso não autorizado aos dados dos bancos.

"Segurança da Aplicação"

As configurações de acesso da aplicação dos servidores ao banco de dados Aurora são armazenadas em forma criptografada por meio do serviço Parameter Store, evitando-se exposição desnecessária e possíveis ataques de força bruta ou roubo de credenciais válidas.

"Segurança por padrão e por design"

O acesso aos respectivos serviços da AWS é controlado para apenas o período em que for necessário, regido pelo princípio do Privilégio Mínimo, evitando-se permissões desnecessárias, como uma camada adicional de segurança contra acesso não autorizado.

Todos os acessos são auditados.

O acesso administrativo aos servidores de aplicação é controlado para apenas o período em que for necessário, regido pelo princípio do Privilégio Mínimo, evitando-se permissões desnecessárias, como uma camada adicional de segurança contra acesso não autorizado.

Esse tipo de acesso também tem criptografia em trânsito e não é feito diretamente pela internet, evitando-se exposição desnecessária contra ataques de força bruta e possíveis vazamentos de dados por meio de credenciais válidas.

"Segurança em Banco de Dados"

Os bancos de dados seguem o Princípio do privilégio mínimo, o grupo responsável pelo tratamento desses dados tem acesso somente a esses dados, durante o tempo necessário, assim como as aplicações.

Todos os acessos são auditados.

"Remoção de dados desnecessários"

Há um processo automatizado para remoção de dados de acordo com as políticas da empresa.

"...BACKUPS DA LIVRARIA LGPD, FICAM NA UNIÃO EUROPEIA"

"Segurança do *backup*"

Os *backups* do EFS e dos Bancos de Dados são transmitidos pela rede interna da AWS para o serviço S3, evitando-se interceptação.

Eles têm criptografia em trânsito evitando adulteração ou acesso não autorizado e em repouso, evitando-se acesso não autorizado.

"Disponibilidade do *backup*"

O S3 assegura a disponibilidade por meio da infraestrutura redundante da AWS.

"Segurança por padrão e por design"

O acesso ao *backup* segue o princípio do Privilégio Mínimo do acesso concedido somente pelo tempo necessário e é auditado.

Ele é concedido apenas em casos em que é necessária a restauração de dados e passa por um processo de aprovação.

"Remoção de dados desnecessários"

Há um processo automatizado para remoção de dados de acordo com as políticas da empresa.

"...SITE (PLATAFORMA ON-LINE)".

"Alta Disponibilidade"

A título de exemplificação: S3 como site e repositório de currículos. O S3 assegura a disponibilidade por meio da infraestrutura georredundante da AWS.

"Segurança do site"

Ele não é acessível diretamente pela internet, o que garante proteção contra vazamento de informações.

Ele está atrás do CloudFront, que tem um certificado HTTPS que garante a confidencialidade e a integridade dos dados em trânsito.

"Segurança dos dados"

O S3 utiliza a criptografia KMS, o que assegura a confidencialidade das informações armazenadas nele.

"Segurança por padrão e por design"

O acesso ao S3 é controlado para apenas o período em que for necessário, regido pelo princípio do Privilégio Mínimo, evitando-se permissões desnecessárias, como uma camada adicional de segurança contra acesso não autorizado e é auditado.

O S3 também conta com o serviço de Inteligência Artificial da AWS, o Macie, que analisa os dados armazenados nele e retorna medidas de proteção e de remediação adequadas.

O acesso dos colaboradores da empresa ao S3 é controlado por um processo rigoroso e segue as medidas acima, além de ter autenticação multifator.

"Remoção de dados desnecessários"

Há um processo automatizado para remoção de dados de acordo com as políticas da empresa.

"...COLETA DE VÍDEO DO CANDIDATO"

"Alta Disponibilidade"

Aplicação do S3 como repositório de vídeos. O S3 também assegura a disponibilidade por meio da infraestrutura georredundante da AWS.

"Segurança do site"

O S3 não é acessível diretamente pela internet, o que garante proteção contra vazamento de informações.

Só é permitido acesso ao S3 por conexão HTTPS, garantindo a integridade e confidencialidade das informações.

"Segurança dos dados"

O S3 utiliza a criptografia KMS, o que assegura a confidencialidade das informações armazenadas nele.

"Segurança por padrão e por design"

O acesso ao S3 é controlado para apenas o período em que for necessário, regido pelo princípio do Privilégio Mínimo, evitando-se permissões desnecessárias, como uma camada adicional de segurança contra acesso não autorizado e é auditado.

O acesso dos colaboradores da empresa ao S3 é controlado por um processo rigoroso e segue as medidas acima, além de ter autenticação multifator.

"Remoção de dados desnecessários"

Há um processo automatizado para remoção de dados de acordo com as políticas da empresa.

"...UTILIZA UM SISTEMA ALTAMENTE TECNOLÓGICO NA ENTRADA DA LOJA, COMO CATRACAS COM A COLETA DA BIOMETRIA"

Utilização do sistema On-Premises.

"Segurança na transmissão de dados"

É utilizada a criptografia dos dados em trânsito, evitando-se adulteração ou acesso não autorizado no tráfego dos dados das catracas até o Banco de Dados.

"Segurança no armazenamento"

É utilizada criptografia de dados em repouso, evitando-se acesso não autorizado.

"Segurança por padrão e por design"

É utilizado o Princípio do privilégio mínimo, o grupo responsável pelo tratamento desses dados, tem acesso somente a esses dados, durante o tempo necessário.

O acesso é feito apenas com MFA (autenticação multifator).

Há auditoria de acessos e ações executadas.

Todo o tráfego entre o servidor e o banco de dados deve passar pela unicamente pela rede interna.

O acesso do servidor ao banco de dados é filtrado, permitindo-se apenas o acesso do servidor ao banco. Essa medida protege contra acessos não autorizados.

"Remoção de dados desnecessários"

Há um processo automatizado para remoção de dados de acordo com as políticas da empresa.

"Backup"

O *backup* é armazenado no S3 e segue todas as medidas de segurança do repositório de vídeos.

Observação:

Além das medidas técnicas mencionadas, há outras em ação, como, por exemplo, o AWS Inspector, que inspeciona as instâncias EC2 por vulnerabilidades, o *GuardDuty* que detecta ameaças ao ambiente, o *Organizations* que permite alto controle de acesso, o Config para conformidade e o *Security Hub*, que ajuda a monitorar todos os alertas de Segurança a partir de um local centralizado.

Por fim, o intuito desta obra não é esgotar ferramentas de utilização técnica nas empresas, mas fornecer um direcionamento, pois cada empresa aplicará a medida técnica mais adequada para seu negócio, existindo diversas empresas.

Selma Carloto

Autora de diversas obras de Compliance Trabalhista, Lei Geral de Proteção de Dados, Inteligência Artificial e ESG e coordenadora e autora de obras de Inteligência Artificial nas Relações de Trabalho e Manual de Relações de Trabalho em Visual Law. Mestre em Direito pela Universidade São Paulo (USP). Doutora em engenharia da informação, Inteligência Artificial, pela Universidade Federal do ABC (UFABC) e doutorado em Direito do Trabalho na UBA. Pós-doutora em Direito do Trabalho pela Universidade Federal do Rio Grande do Sul (UFRGS). Professora autora das disciplinas: Proteção de Dados; Compliance Trabalhista e Lei Geral de Proteção de Dados da Fundação Getúlio Vargas (FGV) Escola de Direito Rio. Professora da FGV de MBA e pós-graduação. Diretora do Instituto Nacional de Proteção de Dados (INPD) e presidente da Comissão de Temporalidade do INPD.

DPO certificada pela Exin: (https://app.exeed.pro/badge/89752). Contato: selmacarloto@hotmail.com e instagran @selmacarloto

Redes sociais

Instagram @selmacarloto https://app.exeed.pro/badge/89752

Elaine Guerra

Mestranda em Inovação Tecnológica e Propriedade Intelectual (UFMG). Especialista em Direito, Inovação e Tecnologia. Especialista em Direito Digital e Proteção de Dados. Especialista em Advocacia Trabalhista. Certificada Internacionalmente pela ISO 27001 (Segurança e Proteção de Dados) e a Privacy Foundation (PDPF), Privacy and Data Protection Practitione (PDPP), obtendo com estas três certificações o título de Data Protection Officer (DPO) pela EXIN. Autora de livro e de capítulo de livro jurídico. Diretora do Núcleo de Prática de OAB/MG. Pesquisadora da USP/SP e da UFMG/MG. Mentora em projetos de LGPD. Advogada. Gerente de projetos (LGPD). Professora de Pós-Graduação.

Certificação de DPO - EXIN: https://app.exeed.pro/badge/51739

Redes sociais

Instagram: https://instagram.com/elaineguera?igshid=YmMyM-TA2M2Y=

Facebook: https://www.facebook.com/elaine.cristinaoliveiraguerra?-mibextid=LQQJ4d

LinkedIn: www.linkedin.com/in/elaineguerradpowww.

linkedin.com/in/elaineguerraproteçãodedados